PASSPORT

mark

這個系列標記的是一些人、一些事件與活動。

mark 114
不帶行李也OK：
愛與浪遊的極簡旅行
作者：克拉拉·班森（Clara Bensen）
譯者：謝佩妏
責任編輯：潘乃慧
封面設計：三人制創
校對：呂佳真
法律顧問：全理法律事務所董安丹律師
出版者：大塊文化出版股份有限公司
台北市10550南京東路四段25號11樓
www.locuspublishing.com
讀者服務專線：0800-006689
TEL：(02)87123898 FAX：(02)87123897
郵撥帳號：18955675　戶名：大塊文化出版股份有限公司

總經銷：大和書報圖書股份有限公司
地址：新北市新莊區五工五路2號
TEL：(02) 89902588　FAX：(02) 22901658
初版一刷：2016年4月

定價：新台幣300元
Printed in Taiwan

NO BAGGAGE

A MINIMALIST TALE
OF LOVE AND WANDERING

不帶行李也OK

愛與浪遊的極簡旅行

克拉拉・班森 Clara Bensen著　謝佩妏 譯

獻給我的好小子
願奇妙旅程永無終點

1 行李是什麼？能吃嗎？

「所以，妳真的瞭解要跟妳一起遠走高飛的傢伙嗎？」

詹米從照後鏡中看著我，眼睛藏在墨鏡後方，但聽得出來他在逗我。要跟我遠走高飛的「傢伙」，就是他的大學室友傑夫，這會兒正坐在他旁邊的副駕駛座上。我們三人坐在一輛富豪汽車裡，在休士頓水泥迷宮似的早晨車流中穿梭，往喬治布希洲際機場前進。我跟傑夫已經訂好班機。

「**別鬧了**，詹米！」傑夫含著微笑說，像個媽媽一邊斥責調皮搗蛋的孩子，一邊忍住不笑。

「我只是要說，」詹米仍不死心，「難得有人有『榮幸』跟你出國旅行，也該讓人家知道自己上了什麼賊船。」他一手放開方向盤，用手肘輕戳傑夫，接著又回頭看看後照鏡裡的我，等著我回答。**妳真的瞭解這個傢伙嗎**？

我不知道怎麼回答，只好四兩撥千斤：「有什麼我**該**知道的嗎？」

「妳還有幾個小時的時間？」詹米開玩笑地說：「我敢說，他一定『忘了』提他拔掉手上的點滴、夾著尾巴逃出巴黎醫院的事，那天剛好是巴士底日（譯按：法國國慶日。紀念當年巴黎群眾攻陷巴士底監獄，揭開法國大革命的序幕）隔天的早上。媽呀，這傢伙穿著紙睡衣跑上走廊，就是那種會露出屁股的病人服，妳知道吧？連衣服都還沒換下來，他就衝出醫院，訂了機票，立馬跟法國說掰掰。」

「**別說了**，詹米！」傑夫吼他，假裝聽不下去。「都二十年前的事了，當年我們的毛都還沒長齊！」

「是嗎？」詹米聳聳肩：「只能說，接下來三個禮拜，我的念珠可有得忙了。」

我坐在後座，玩著裙襬上的花邊。窗外的地平線那頭，在半完成的建築和空曠的水泥停車場後面，一排小小的飛機正要升上霧濛濛的日出天際，起飛的時間愈來愈近，再過幾個小時，我的——我們的——飛機就會在跑道上滑行。這是個好問題！我真的瞭解坐在我旁邊一起等待機輪從跑道上升起的男人嗎？

說瞭解也對，說不瞭解也對。

我知道傑夫是理科教授，第六代德州人，一雙眼睛閃著狂野的光芒。我知道我第一次看見他，心裡不禁想「蛤，**是你喔**」，簡直是巧遇老友。我知道我們的關係在一巡龍舌蘭之後，就變成眼花撩亂、驚險刺激的馬戲團表演。我知道他喜歡在巧克力上撒海鹽，還知道他結婚六年、分居兩年，有個棕色眼睛亮晶晶的五歲女兒。我知道他很特立獨行，就像冬天不往南飛、偏往北飛的候鳥。我知道他超愛惹事生非，但聽到饒舌天王吐派克的〈親愛的媽媽〉（Dear Mama）就會哭哭，偶爾還會停下車，溫柔地把路上的死貓移到路邊。這傢伙超機車也超心軟——如果這兩種特質可以同時存在的話。

但是，我真的瞭解他嗎？很難說。你對在網路上認識沒多久的人能有多瞭解？

也許認識的時間和場合也沒那麼重要。在網路上用電子郵件口無遮攔地打情罵俏幾週之後（像打網球咻咻咻地一來一往），傑夫好不容易突破我這個影子寫手的含蓄矜持。很難得，算他厲害。先是在線上說說笑笑，一週後，我們自然而然就約了見面，但感覺不像初次會晤，反而像久別重逢。

兩個天差地別的人，沒想到竟然一拍即合！我人生的前十三年都在奧勒岡州波特蘭這個多雨的城市度過。我們一家七口（爸媽、五個小孩——四女一男）住在提拉穆克街（此名源於西北太平洋的原住民部落）一棟維多利亞風格的百年老宅中，家裡只有一間浴室。我爸媽一方面因為信仰、一方面因為教育，把我們留在家中自學（當地中學在我的想像中，是個散落著保險套和針頭的邪惡巢穴）。我媽雖然是虔誠教徒，卻也很注重我們的學業和社會競爭力，所以我們一點也不像傳說中穿著長裙和吊帶褲、不准出門約會和跳舞的基督教自學小孩。紐約雙子星大樓倒塌的那年夏天，我們搬到德州的沃斯堡，我就在這座牛仔城長大成人。這裡的暴風雨可以把天空變成詭譎的菠菜綠，把草叢裡的蛇嚇得驚惶亂竄；這裡的人喜歡橄欖球的程度，幾乎可比對耶穌的崇敬。

相反地，傑夫是土生土長的德州小孩。他跟三個姐妹從小在休士頓和聖安東尼奧長大，離這裡以南四小時的車程。夏天，他都到德州丘陵區（他的高祖父在那裡蓋了一棟小木屋）釣魚、尋找阿帕契人留下的箭頭。大學是他比較保守的年代，讀的是德州農工大學，還是個嚼著菸草的共和黨青年黨員，瘋起來可以把鄉下舞池給掀了。

他的個性也很德州，熱情又奔放。小時候他曾跟醫生坦承，他心裡最大的恐懼不是狼蛛或壞人，而是有一天會人體自燃（就像《搖滾萬萬歲》〔*Spinal Tap*〕那部片裡的鼓手一樣，因為豪情萬丈的獨奏表演，化為一陣煙霧）。傑夫是人肉導電體，每個認識他的人都會被他電到（而且他交遊廣闊，五湖四海皆朋友）。一拍即合、刺激冒險、轟動場面，還有閃亮的彩色圖片最合他胃口。

他的字典裡沒有「低調」兩個字；我跟這兩個字卻是好朋友。我們家的人都內向到極點（包括我在內）。如果說我是敏感內向的「陰」，傑夫就是熱情好動的「陽」。我的衣櫃都是麻灰色或米色的毛衣，他的衣櫃則掛滿顏色鮮豔的卡其褲和亮晶晶的襪子。我的盆栽和朋友的比例是十比一，就算整天不說話也怡然自得。

剛開始交往的幾週，我們做的性向測驗證實了我的懷疑：我們的個性剛好是兩個極端，傑夫是可以迷倒眾生的超級行動派，而我是低調的夢想家，一口氣把密契納（James Michener，譯按：美國當代小說家，曾獲普立茲獎）長達三十三小時的有聲書《波蘭》（*Poland*）聽完，也不會打瞌睡。

有時候，旁人會把我的內向誤以為是高傲，但傑夫不同。打從第一次約會他就表明，他對我這種安靜思考的能力心存敬畏。總之，他對待我的安靜內向的方式，就像對待需要仔細觀察的外星生物。

「我有點好奇，今天妳開口說了幾句話？」我們見面後一個禮拜，他問我，當時我們坐在一家暗濛濛的酒吧裡喝啤酒。

「喝這杯啤酒之前嗎？呃，今天早上我跟服務生點了一杯咖啡。」我說，屈指算了算。

「所以至少一句吧。」

他難以置信地搖搖頭，拿出隨身攜帶的小本子草草記下人類學的田野筆記。「那**這裡**呢？」他敲敲我的頭，露出頑皮的微笑。

「多到我希望有開關可以把它切掉。」我說。確實一向如此。

我們就像太陽與月亮。然而，二〇一三年四月五日晚上七點五十二分我們見面的那一刻，一切都不重要了。那剛好是日落的時刻，不過他傳給我碰面時間時，我並不知道。除了時間，他還傳來兩組座標（30.2747° N, 97.9406° W），還有一張嵌在水泥磚裡的紅土星星的照片。他的簡訊寫道：**到星星這裡找我**。照片中的星星很樸素，五個紅土星芒包圍著一個寶藍色正方形，中間有道裂痕。不過，外表樸素當然是騙人的。我輸入座標就發現，傑夫的紅土星星嵌在奧斯汀天際中最壯觀的一棟建築前——德州議會大廈。

晚上七點二十分，我檢查過口紅，練習過但願會迷死人的微笑，便走出我的小小套房。德州議會大廈的粉紅色花崗岩圓頂通常要走上三十分鐘才會到，但那天晚上我只花二十分鐘就到了。我在人行道上邁著大步疾走，想甩掉緊張的感覺 之所以緊張，不是因為一般網友見面會擔心的事，比方傑夫是個禿頭的C++程式設計師，或是小孩一卡車的有婦之夫，還是喜歡性感皮衣女郎或收集了一九九三年以來每一款豆豆娃的怪咖，而是因為心裡隱隱有種預感：有個超大星體正高速飛向議會大廈，即將把我從原來的軌道掃落。

我比傑夫早到星星那裡，一直等到議會街的街燈亮起來，他才出現。當時我站在巨大圓頂的正門階梯下等他，只見一條淡黃色褲子朝著我走過來。他直接走向星星，大膽地湊上前親我的臉頰。一切就從那裡開始。一個無所不包的小世界，有淡黃色的長褲、紅土星星、呈現完美弧形的圓頂，甚至伴隨著四月陽光的落日餘暉。

・・・

儘管從來沒有正式的約定，那天晚上之後，我們就分不開了。我們雙方都認為，在目前這個階段，要定義我們之間的關係既老派也沒必要，一切都走現代路線。

他在德州大學的布朗斯維爾校區教授環境科學，離南邊的墨西哥邊境開車只要五小時。但他正在申請奧斯汀分校的新職位，有空就會開車或搭灰狗巴士來奧斯汀。週末，我們會躺在我的床上，天馬行空地亂編故事，幻想我們曾經在另一個時代或以另一個軀殼交會。或許，他曾是一隻在我的腿上喵喵叫的花斑貓。或許，他在前往旗杆鎮途中搶過我的馬車。或許某個冷冽的夜晚，我們在蒙古大草原同一個火堆邊烤火。或許，有天我們會像

〈攔路大盜〉（Highwayman）那首老歌說的，搭乘星艦橫越宇宙分水嶺。

當初我們是在OkCupid交友網站認識的。站上的黑箱運算系統，似乎也對我們這輩子的「化學變化」表示支持。我們在網路個人資料的「速配指數」高達百分之九十九（雖然我知道這套運算系統有如玫瑰花瓣和天使髮絲熬成的湯藥）。無論如何，短短四個禮拜之後的某個早上，我們衣衫不整地坐在我住的地方，擔憂地看著餐桌上的筆電螢幕時，這個速配數字多少幫我打了一劑強心針。只差一個鍵，我們就要訂下兩張飛往伊斯坦堡的機票，還有兩張從倫敦出發的回程機票。

這趟旅行是他的主意。傑夫早就計畫今年度的夏季旅行要從伊斯坦堡玩到倫敦，但最近一個禮拜，他的「我要去伊斯坦堡」漸漸變成「**我們**要去伊斯坦堡」。於是我們才會坐在桌前，挑戰對方敢不敢按下「購買」鍵。

「這麼做可能會大錯特錯。」我說。

「跟在網路上剛認識的男人遠走高飛？能有多糟呢？」他說，手很自然地環住我的腰，就像多年的老習慣。

我們哈哈大笑，不管三七二十一地按下了鍵盤。

那個時候，並不覺得還沒摸清對方底細就一起飛到世界另一邊很隨便。或許有點冒險，但絕不是隨便。傑夫是那種說出現就出現、自然找到自己位置的人，彷彿你們之間的連結一直都在，而他只是以肉體這個具體形式加以確認罷了。所以我們可以直接跳過暖身階段，展開冒險。

不過，就算我們真的曾在十八世紀的雙桅縱帆船上共赴黃泉，還是有很多實際層面的東西得弄清楚。比方彼此的成長過程和人生大事，包括家庭成員、舊情人、舊傷口、改不掉的怪癖，還有他下背部的鋸齒狀傷痕和我歪嘴笑的由來。我們得好好惡補彼此出了娘胎之後的今生今世。

可以確定的是，這趟旅行將挖出我們身上的故事。伴隨旅行而來的時區轉換、異國天空、陌生語言，還有迷路也好玩的探險，自然會把人磨到只剩最原始、最狼狽（有時是茫了，有時是病了）的赤裸裸狀態。假如傑夫的過去埋藏著巴黎醫院大逃亡的往事（天知道還有啥），我也有一籮筐祕密等著攤在陽光下。詹米也該問問傑夫有多瞭解**我**才對。

剛開始在網路上通信時，我曾經對傑夫坦承：「我的精神狀態出過小小的問題。」但只是簡短帶過，還刻意夾在一連串的惹火挑逗之中。他說：「好像很有趣。」但細節我不想多談，例如大學畢業後我掉進多深的精神兔子洞，直到最近才從洞裡爬出來。

訂機票時，我沒提到伊斯坦堡之旅是我多年來第一次穩定到可以坐上飛機的長途飛行，也沒說走出公寓套房對我是多大的突破。他不知道至今我還不敢相信自己已經痊癒的事實，甚至從不期待有這麼一天，而這趟伊斯坦堡之旅正好反映出，我對家門外的廣大世界充滿了永不滿足的全新渴望。

只有如此飢渴的女人，才會答應傑夫從 OkCupid 寄來的第三封信中隨口提起的夏季旅行（當時他還不知道我姓什麼、是不是真的長得像照片裡那個嚴肅的歪嘴女孩）。傑夫的旅行跟一般的夏季度假不同。沒有度假行程，也沒有白色沙灘上的茅草屋。他進出不同的國家，不住飯店，不訂房間，從機場A到機場B也不訂旅遊行程。在我眼中，這種隨性的旅行方式已經夠刺激了，對傑夫來說，這還只是剛開始。通常，他登機時除了信用卡、iPhone 充電器、護照（塞在褲子後口袋）之外，什麼也不帶，之後就聽天由命了——這也是最刺激的地方。

「不帶行李環遊世界」在我的 OkCupid 信箱裡，算是滿生猛的提議（跟ＳＭ性邀約和求婚有得比），但我沒有立刻回絕。我把里爾克《時間之書》（*Book of Hours*）的一段詩當作我康復後的箴言：「任憑一切在你身上發生，美麗的醜惡的都來者不拒。」

展開不定義關係的約會的頭四個禮拜，我跟傑夫看遍了美景。週末，我們會開車穿越德州山林區遍地野花鋪成的地毯，或在奧斯汀的小巷裡漫步一整天。所以，當傑夫在某個陽光燦爛的下午正式邀我跟他一起踏上不帶行李的旅行時，「醜惡」也不在我的清單上。這項提議來得很突然。當時我們走在議會街橋上，我正在打量散落在詹森總統夫人湖上、有如撒在水上的糖果般的紅黃小艇。他突然就說：「旅行的事我是認真的，妳應該跟我一起去。」

聽到這句話從他口中說出來，我屏住呼吸。傑夫從一九九六年就開始旅行，他護照上有七十個國家的戳印，其中六十個都是單槍匹馬闖蕩。他看重這份自由，就像茶黨共和黨人看重憲法保障的人民持槍權一樣。不帶背包和行李去旅行就已夠驚人了，但他開口邀我一起去更加驚人。

他的誠懇邀約讓我想起《愛在瘟疫蔓延時》（*Love in the Time of Cholera*）裡的一幕。當佛倫提諾．阿里薩向摯愛費米娜．達薩求婚時，費米娜舉棋不定地跑去問愛斯克拉斯提卡阿姨，阿姨豪邁地說：「跟他說好。即使妳怕得要死，即使妳日後會後悔，都跟他說好。因為無論如何，如果妳拒絕了他，下半輩子妳一定會後悔不已。」

我有的是拒絕他的理由，比方我跟他還不熟，我的收入常在貧窮邊緣遊走，我還得呵護羽翼未豐的理智。可是，答案就這樣從我口中竄出，飛向溫暖的水岸空氣，彷彿自有一對翅膀。「好，我加入。」這個答案完全出於身體的直覺反應。一個沒經過大腦、心血來潮、非常膚淺的「好」。我就要坐上那班飛機，即使之後會後悔不已。

・・・

詹米把車開進D航廈前的暫停車道時，傑夫往後靠，把手放在我的膝蓋上。

「準備好了嗎？」他問。

「現在反悔還來得及喔。」詹米插嘴。

我把手放在傑夫的手上。「詹米，現在無法回頭了。」

「我知道。」他打趣地說：「不過如果這傢伙突然發瘋，衝向巴士底監獄，妳就 call 我。」

「別聽他胡說。」傑夫反將他一軍：「他只是想要騙到妳的電話。」

我們三個人下了車。站在車子前面時，這對老朋友的差異更加明顯。傑夫的旅行裝扮是鮮紅色卡其褲、輕薄的條紋毛衣，還有他曾祖父留下來的牛仔帽（直到最後一刻他才決定帶去）。相反地，詹米一身正式打扮，合身西裝搭配海軍藍領帶（傑夫說他一向這麼正式，高中時還會拿公事包去上學）。他認真地靠上前跟我們擁抱道別時，我可以聞到他身上的古龍水。「好吧，真的要說再見了，兩位保重，三個禮拜後見。」

之後他就走了。我們穿過自動門，走進擁擠的出境航廈。早上的搭機人潮匆匆而過，一手拿著咖啡紙杯，一手拖著行李。我們跟他們只有一個共同點：都要前往**某個地方**——某個在出境螢幕上對人招手、夢幻無比的異國城市。我們走向報到櫃台，一名空服員露出訓練有素的笑容，招手要我們上前。她頂著無懈可擊的包包頭，脖子繫著整齊別致的海軍藍圍巾，全身上下光鮮亮麗。

「有行李要託運到伊斯坦堡嗎？」她邊檢查護照邊問。

「能免就免。」傑夫就事論事地對她說：「一件也沒有。」

她愣了一下，從螢幕上抬起頭：「抱歉，你是指沒有行李要託運，還是完全沒有行李？」

「完全沒有行李。」他說，靠著平滑的櫃台，像要跟她透露什麼勁爆的八卦似的。「我們就這樣出發。」傑夫指指我。證物A：腳邊沒放行李箱，手上沒有托特包，也沒有可以綁睡袋的登山背包。除了一個小皮包，什麼都沒有。

空服員半信半疑地揚起眉毛看我，眼神掠過那位穿鮮紅色卡其褲的先生，彷彿在問：

「這傢伙是認真的嗎？」

「很不幸，他所言不假。」我說：「這就是我們二十一天的行李。」

「哇！」她一臉震驚，好像我剛剛宣布週末要去學跳上空鋼管舞。「妳確定嗎？」

確定才怪。說到這趟旅行，我所確定的事情一隻手就能數完：我確定要坐上飛機的32A座位飛往土耳其，也確定這是在自討苦吃。

沒帶行李站在機場，很像夢到去參加派對，卻發現自己是唯一沒穿衣服的人。我覺得自己赤裸裸，沒地方靠岸，失去了重力。**我什麼也沒有**。**我們什麼也沒有**。這種「一無所有」的狀態讓我頭昏昏的。少了行李把我往下拉住，我好像隨時會往上飄，飄到D航廈的天窗上，就像《歡樂滿人間》（*Mary Poppins*）裡那個可以飄上天的仙女保母，只是少了她手上的神奇提包。

話說回來，行李到底是什麼？不過就是一樣東西（一個裝其他東西的東西），一個用拉鍊、布料、縫邊加以固定的容器。這麼簡單的攜帶工具，可是少了它，我竟然這麼侷促不安，還讓焦慮的陰霾趁虛而入。一股難以克制的衝動讓我想要伸出手，抓些東西填滿這種空虛感，任何有重量或體積的東西都可以：一顆鵝毛枕，一袋紅色馬鈴薯，一隻體型龐大、毛茸茸的緬因貓。在我二十五年的生命中，從來沒有這樣兩手空空的感覺，以前至少會有幾樣東西讓我抱在懷中，宣告那是屬於我的。空手走出這扇門對我來說，是一種全然陌生的體驗。

出發前幾天，我試圖找出最完美的旅行裝備，彌補不帶行李的空虛感。好像有了完美的防臭吸汗布料、口袋超多的工作褲、Teva 運動涼鞋，就能避免一連二十一天穿同樣的衣服伴隨而來的危險。不過，跟四個禮拜以來的所有事情一樣，最後我做了完全出乎意料的選擇：一件深綠色、全釦式、長度約到膝蓋、裙襬，還有一圈精緻刺繡的棉質洋裝。這件洋裝色彩鮮豔、賞心悅目、剪裁合身，完全不切實際就更不用說了。但就是因為它完全不切實際，才那麼吸引人。如果我準備不帶行李環遊世界，何不用讓人跌破眼鏡的優雅，讓這趟旅行的荒誕里程表飆到最高？

出發前一晚，我們借住詹米位在休士頓郊區的家。傑夫堅持鬧鐘要設一個早到沒天良的時間，因為他要在出發前精確記錄下我們最後帶的每樣東西。傑夫是紀錄狂人，隨時都在拍攝生活日常片段，連車上的無聊對話、早餐吃的英式鬆餅、在公園裡打瞌睡都不放過。不管主題是什麼，他通常看都不看一眼，就把影片存到硬碟裡供起來。

他把我皮夾裡的東西一絲不苟地排在詹米家廚房的木頭中島上時，太陽甚至還沒升起。傑夫把中島變成彷彿有著隱形座標的布置場地。左半邊，他的全副行囊摺得整整齊齊，一樣一樣排好，清清楚楚擺在眼前，包括一件櫻桃紅卡其褲、一頂牛仔帽、一件內褲、一雙襪子、一件棉質條紋襯衫、一支 iPhone、一對耳塞、一個充電器、半條牙膏、半張東歐地圖、他的筆記本、一枝自動鉛筆、兩百美元現金、一張信用卡，還有他的護照。所有東西都收進他的口袋。

右半邊是我的東西，同樣整齊摺好排成一列，包括一件綠色洋裝、三件內褲（相當奢侈）、一條棉質圍巾、一件黑色胸罩、一瓶薰衣草體香劑、一整條牙膏、我從十六歲就開始戴的固齒器、一個隱形眼鏡盒、一副備用眼鏡、兩個衛生棉條、一支 iPhone、一個 iPad Mini、一本筆記本、一枝原子筆、我的護照、一個小小的黑色斜揹皮包、一疊用來當德州紀念品送人的牛仔磁鐵，還有一條櫻桃口味的護唇膏。

「早安，寶貝，脫光光的時間到了。」傑夫說。

「我希望這是邀我在廚房親熱的俏皮台詞，但好像不是？」我說，給自己倒杯咖啡。

確實不是。傑夫告訴我，影片記錄的最後步驟是在鏡頭面前脫光光，進行計時打包練習。「詹米要是剛好走進來呢？」我面有難色。「他還在睡呢。」傑夫安撫我：「我們動作快一點就好了。」**好吧好吧**，反正這整趟旅行就是一次光溜溜、不設防的練習。當清晨的陽光從水槽上方的窗戶射進來時，我的浴袍輕輕落在廚房的瓷磚地板上。我在詹米的廚房裡一絲不掛，光溜溜的皮膚在冷氣口底下微微刺痛。傑夫一手按下攝影機，一手按下計時器，然後揮揮手要我開始。

我花了八分鐘就為環遊世界之旅穿戴完畢。我把手伸高，套上翠綠色洋裝，吸入棉料的清新味道，這個味道很快就會被汗水和酒味蓋過去。穿好衣服之後，我把所有東西仔細收進皮包，套上薄薄的皮革涼鞋。就這樣，總共才八分鐘。我一直覺得自己好像忘了什麼。

「不錯嘛。」傑夫說，顯然很讚嘆。

結果，他只用了兩分鐘又三十一秒就整裝完畢，主要是因為他穿衣服的速度就像女朋友的爸爸突然開車回家一樣快。中島清空之後，傑夫衝出廚房，從走廊跑出詹米家的前門，對著早晨大聲歡呼，像天塌下來也不怕的飆車少年。他的褲子鮮豔又顯眼，要是他躺在整齊的草皮上，Google Earth 的衛星應該會在墨西哥灣以北的不遠處，拍到一個火紅色的小V。

有一瞬間，我有點擔心在倫敦希斯洛機場搭機返國時，我還會不會喜歡這個穿鮮豔褲子的男人。兩個人輕裝簡裘共同經歷一連串不可知的事件，聽起來像禪味十足的俳句，但是適應時差、通過海關、黏TT的內衣等等加起來，感覺比較像殘酷的快速約會。我們的速配（或不速配）指數應該很快會無所遁形。不過從某個角度來看，結局並不重要，因為我穿著一襲翠綠色洋裝，正要重新撲向這個世界的懷抱。

傑夫走進門，親親我的臉頰，嘴裡冒出一絲咖啡味。「要不要叫詹米起床了？」

「好。」我說，吸一口早晨的潮溼空氣。「該出發了」

2 流浪吧！兩個人的旅行

我的方向感很差。不是因為我不夠注意周遭的環境，而是比起實際的東西，我的內在指南針總是對詩意的東西更有共鳴。我知道我家附近的蜜蜂在尖尖的假絲蘭叢裡的哪個角落築巢，也可以在低矮的香草叢裡馬上找到迷迭香的蹤影。然而，我卻說不清最近的加油站的方位，大多數時候是因為我從沒認真記住東西南北。我是自然作家約翰・繆爾（John Muir）的信徒。他曾經寫道：「只要一息尚存，我就要聽瀑布、聽鳥和風歌唱。我要翻譯岩石的對話，學習洪水、雪崩和暴風雨的語言。」

有一次，我跟傑夫開上三十五號州際公路，從奧斯汀前往聖安東尼奧。我讚嘆地指著遠方一簇閃爍的燈光，說：「你不覺得聖安東尼奧市區晚上看起來很像銀河嗎？」

「親愛的，那是水泥工廠。」他笑著說：「我們現在已經在聖安東尼奧以北五十哩的地方了。」

好吧，撇開我浪漫時代的方向感不談，通常我被問到自己站在哪塊大陸上時，我都能給出正確答案。可是，當我跟傑夫在阿塔圖爾克國際機場的入境大廳伸展麻掉的雙腿時，卻懵懵然。

伊斯坦堡是全世界唯一橫跨兩大洲的城市。交織著宏偉大橋和整隊渡輪的博斯普魯斯海峽，就從這座城市的心臟貫穿而過，分出了東與西、亞洲和歐洲。飛機開始降落時，我的心思一直飄走，想起描寫地中海（**一條寬廣的湛藍野餐墊在陽光下蕩漾**）和乘風破浪的灰色貨運船隊（**猶如金屬鴨群**）的詩句。傑夫靠在我肩膀上嘴巴微張，根本睡死了。當機長的聲音透過喇叭畢畢剝剝響起時，他動也沒動。「各位先生女士，晴空萬里的下午，伊斯坦堡今天是好天氣。地面溫度二十七度，東北方捎來涼爽微風。請坐好，放輕鬆，我們即將降落。」

機輪從機腹吱嘎放下，飛機開始降落。我已經看到棕櫚樹和清真寺，屋頂上的尖塔有如細針插在地上指著天空。十九世紀的法國作家拉馬丁（A phonse de Lamartine）曾說：「如果你只能看這世界一眼，那一眼就該留給伊斯坦堡。」跟拉馬丁不同的是，我看到的第一眼伊斯坦堡現代感十足：在擁擠的入境航廈裡，簽證上的土耳其字母像在跳舞；幾扇門通往靜謐的穆斯林禱告室，旅客跪下來面向東方禱告；好多螢幕顯示飛往貝魯特、杜拜和開羅的班機；排隊過海關的隊伍裡，不時可見名牌頭巾。

匆匆下飛機後，我忘了留意這座機場坐落在歐洲還是亞洲？在廁所裡跟亂七八糟的頭髮奮戰時，我才突然想到，我完全不知道自己在哪一洲？（雖然比起地理上的座標，當時我更在意鏡子裡那狼狽的身影。）看來，我跟傑夫不得不跳過交往初期隨時要美美的階段。我覺得自己愈來愈像大作家路易斯・卡洛爾（Lewis Carroll）筆下那個脾氣暴躁、陰晴不定的傑伯沃基（譯按：《愛麗絲鏡中奇緣》的一首詩裡出現的怪物）。我的髮根油油黑黑，兩眼無神，洋裝聞起來像飛機靠墊上的髒兮兮指印，腋下漸漸淪落成細菌培養皿。**哎呀呀**。我抹上體香劑，把油油的頭髮盤起來，然後才走回入境大廳。

傑夫靠在一根圓柱上，忙著把票根塞進他那本塞滿其他票根和亂七八糟生命蜉蝣的筆記本，比方名片、沙子、羽毛、牙籤，甚至還有狗毛。他啪的一聲合上筆記本，我打了個呵欠，問：「接下來呢？」

他的眼睛在牛仔帽底下閃著興奮的光芒，好像趁我去廁所時偷灌了一杯濃縮咖啡。「我提議跳上一班往市區的火車，隨便選一站下車。」聽他的口氣，好像這樣很理所當然。

「真的假的？你不覺得我們應該先認清方向嗎？」

他無所謂地聳了聳肩：「反正我們在路上就會弄清楚啦。」

Travel（旅行）這個字的起源可以追溯到travail（辛苦工作）這個字。讓人想起那種害你腳踝起水泡、小腿痠痛的辛苦旅程，也給你一百個寧可從沒邁出家門的理由。實際的情況是，所有美好難忘的事物通常伴隨某種程度的辛苦。動人心魄的美景和超級經典自拍的背後，總是有大排長龍的隊伍、在飛機上哭鬧不休的嬰兒、血糖超低的時刻。

我已經將近二十四小時沒有進入快速動眼睡眠期。我不像傑夫，就算在德國戰車樂團震耳欲聾的演唱會上也能打瞌睡。我呢，在這趟橫跨大西洋的飛行過程中，多半時間都在努力把身體像摺紙一樣摺來摺去，免得影響四肢的血液循環（結果除了小寐和脖子僵硬之外，啥好處也沒撈到）。我「第一眼」看到的伊斯坦堡沒有美到令人屏息，而是疲勞愛睏加一圈眼屎。

說到住宿，似乎也免不了辛苦。如果我們堅持原本的實驗精神（和寒酸的預算），旅館就免談了，青年旅社也是不得已的選擇。我們計畫透過Couchsurfing.com借住當地人家裡。沙發衝浪網是當地的旅行愛好者免費接待旅客、作為 種文化交流的全球性社群網站。問題是，我們雖然寄出十幾封信徵求伊斯坦堡的接待人，卻連一封回函都沒收到。這表示我們可能會流落伊斯坦堡街頭，沿路撿紙箱到公園打地鋪。

想到要把過夜的問題交給拿不準的運氣，我心裡竟然有點慌。肥皂和枕頭不會在隨便一個火車站就突然從天而降，與其在市區隨性亂晃，我們應該商量一下對策才對。我們需要一張地圖；需要在網路上廣發沙發客緊急詢問函；需要確認我們到底站在哪一洲。

我習慣性地在腦中列出「最糟狀況」。我們可能會迷路、累趴、無家可歸，現在卻還要隨便跳上一列火車、自找死路？**不會吧**。但或許在公園過夜也沒那麼可怕。看傑夫那樣子，他完全不擔心，靠在柱子上，慵懶地對著我笑，身後一排計程車。看來他完全不擔心晚上可能睡公園。說真的，我們在一起這幾個禮拜以來，我不記得他擔心過我的冰箱沒有花生醬碎片冰淇淋以外的事。他很有把握用手邊現有的材料變出一頓大餐，這也是我們飄洋過海來此要一起練習的事。

我嘆了口氣，用手背摸摸他的臉頰，一天沒刮鬍子，他的臉就冒出了刺刺的小鬍碴。「好吧，牛仔，火車在哪裡？」如果流浪方式失敗，我就要堅持改走較傳統的食宿路線，但至少今晚我願意冒險迎向未知。

・・・

關於迷路，我略知一二。闖進瘋狂混亂的精神叢林那悲慘的兩年，我就受過一流的訓練。傑夫一開始並不知情，但我們在議會大廈的階梯上見面時，離我重新找到方向也才不過四個月。

至今我仍然不確定自己一開始為什麼會迷路。或許只是單純的精神失調；或許是我對人類面對的困境太過敏感；或是殘酷揭露人類貪婪後果的二〇〇八年金融風暴，對我的打擊太大；或許是內心深處對固若磐石的福音派基督教童年的渴望，那時聖經上的一點一畫，都直接從上帝口中輕聲傳進信徒耳中；也或許是我發現耶穌不是在天上分派神聖使命的好人，而且，在有如白駒過隙的短暫生命中創造出有意義的任務，其實落在我自己的肩膀上。

也許我需要迷路，就如同森林需要大火才能重獲新生。我只知道，二〇一〇年秋天，我還在為申請研究所撰寫冠冕堂皇的讀書計畫，到了二〇一一年黃水仙盛開時，我卻蹲在馬桶前，因為恐慌發作而頻頻乾嘔。

這種「迷路」症狀有各種名稱。爸媽說是「過渡期」。爺爺說我的中年提早來報到（什麼事都比別人早！）。家庭醫生說我腦內的化學物質失衡，導致嚴重的「精神異常」，還開了一盒銀色包裝的鎮定劑給我。心理治療師說我踏上了靈魂的黑暗之旅，並建議我牢牢抓緊，因為唯一的脫困方式就是**走過來**。而已故的法國哲學家證明我的問題是典型的存在危機。換成大白話就是：我找不到早上從床上爬起來的強烈動機。

無論給它什麼名稱，我都希望那種日漸占據我五臟六腑的焦慮感只是暫時的，就像傑克丹尼威士忌造成的宿醉，只要一夜好眠和一份油滋滋的起司漢堡下肚之後，自然就會退散。我迫不及待要回歸正常生活，投入研究所課程，一圓文學夢想。我焦急地尋找熟悉的路徑，就像迷路登山客四下尋找認得的河流彎道或特別突出的岩石。但「正常」卻消失得不見蹤影，像被淹沒的路徑。我腦中的風景變得陌生無比。

當時我並不知道，嚴重焦慮的一個明顯症狀，就是無法忍受其他人安之若素的現實世界。我覺得自己彷彿靈魂出竅，飄到天花板上，從很遠的地方看著「正常人」每天做的事。我的世界瓦解了，變成一個黑黑的小針孔。過去無害的地方突然變得好可怕，包括跟室友合租的房子、開車上班的路線、墨西哥餐廳、收費停車場。焦慮是一片透鏡，把我的每個生活面向壓縮成一連串殘酷又慘烈的場景。

我唯一覺得安全的時刻是每天早上起床的前十秒。在那短短的時刻裡，我暫時忘了恐懼。但當我睜開眼睛，恐懼又會撲面而來，只覺得胸口沉重，呼吸微弱，腎上腺素飆升，噁心感一波波湧上來，古怪的想法多如無限長的毛線球。到了中午，我經常累得像剛跑完十公里馬拉松一般。

我拚了命阻止自己的精神被炸成碎片，但表現在外的竟然是令人納悶的飲食失調（平常我熱愛下廚，廁所也從不放體重計）。有一天下午，我突然就吃不下東西。食欲消失，唾液去放長假，食物一進喉嚨就馬上吐出來。醫生也診斷不出個所以然。我心想我的腦袋出了很大的問題，大概要瘋了。我從沒想過頻繁焦慮、脈搏加速的人會有消化方面的問題，也沒想到伴隨精神崩潰而來的飲食失調並不罕見（吳爾芙的丈夫在她精神病發期間寫道：「我通常可以哄她吃點東西，但過程相當折磨」）。

到了二〇一一年夏天，我的胸腔輪廓漸漸浮現，很難再假裝正常。我迷失了方向，想不承認也不行了。我快刀斬亂麻地辭掉了珠寶工作室的管理職務，退掉和室友合租的房子，推著行李箱躲回少女時代的房間。如果不回沃斯堡郊區投靠爸媽，我只剩下住進精神病院一途。

我對我媽說：「看來我的人生在二十三歲的青春年華就結束了。」那是個夏日清晨。夏天，我通常會因為游泳曬得很黑，現在卻躺在床上，蒼白又消瘦，連笑話都說不好。我媽坐在我對面的 IKEA 黑色搖椅上。我很幸運，她除了是我媽，也是我最親近的朋友。這個女人身材高大，情感豐富，一頭橘紅色短髮，也曾經歷幾次精神風暴，人生不全然都走傳統路線。

高中畢業才兩個月，她就跳上灰狗巴士離開舊金山，一九七〇年代後半就這樣漂泊度日。在西雅圖時，她跟兩名靠喝酒打牌治療創傷後壓力症候群的越南籍獸醫住在一起。三人拆夥之後，她搬進致力打倒資本主義和父權社會的公社。她到派克市場（譯按：西雅圖的農夫市集，是美國歷史最悠久的農夫市集）演唱民謠；到愛達荷州的農場開曳引機；在佛蒙特州端盤子；搭巴士橫越美國，身上只帶一只行囊和一把吉他。二十二歲那年，她懷了我姐安娜，但那段感情沒有維持太久，後來就跟她母親一起搬回加州的威尼斯海灘。

她坐在搖椅上平靜地看著我。「妳怎麼知道自己的人生會怎麼樣？妳是算命仙嗎？」

「不用是算命仙也知道。」我激動地回嘴：「很明顯吧。我周圍的人不是在念研究所，就是去大公司實習。我呢，今天的第一大目標就是從床上爬起來，然後吃掉一份花生醬三明治，不讓自己把食物吐出來。聽起來跟『大好前程』差很遠。」

她頓了一頓，斟酌過用字後才說：「我在想，如果妳順其自然，不再只想著恢復正常，不曉得會怎麼樣？」

「什麼？就看著這些事發生，什麼都不管？」

「妳聽了也許覺得驚訝。」她笑著說：「過去妳熟悉的生活或許不見了，但就算迷路也不表示不能去探險。」

・・・

傑夫對著火車車窗豎起拇指。「我們試試這一站。」我們跌跌撞撞地走上伊斯坦堡的一條寬闊大道，路上灰塵瀰漫，夾雜著計程車喇叭聲、警笛聲和匡啷啷的電車聲合成的配樂。看起來像市中心，但究竟是不是我也不知道。車聲鼎沸的多線道馬路兩旁，卡布奇諾色的六樓公寓肩並肩一棟連著一棟。公寓窗上掛著紅旗子、冷氣、天線和迷你遮陽篷，底下是種著棕櫚樹的擁擠人行道。我舉手遮陽，往兩邊的街道看了看。

「所以，我們要開始流浪了。」我說。

「對，要開始流浪了。」傑夫說。

「左邊還右邊？」其實也沒差。

「左邊好了。」傑夫說，只見他舉步走上大道，牛仔帽在一群群扭結餅小販和戴墨鏡的觀光客之間穩穩擺盪，一副知道自己要往哪裡走似的。對他來說，擺動就是一門藝術。有次傑夫告訴我，大學時期他爸付錢讓他去休士頓做一次徹底的職涯性向測驗。經過幾天的分析能力、手眼協調、圖形辨識測驗之後，結果證明他適合的不是金融顧問或創業家這類人人豔羨的職業，而是開渡船的船長。說起來其實很準。我完全可以想像他開著蒸汽船在密西西比河上航行，嘴裡叼著一根溼溼的、沒點燃的香菸，從容自若地駕馭變化無常的河流，就像馬克・吐溫筆下的惡棍。

我十分樂意讓傑夫扮演導遊的角色。我們在奧斯汀到處遊蕩時，就確立了彼此扮演的角色。我負責感受周圍環境的神奇魔力，他負責帶路。我是詩人，他是舵手。並不是說我完全無法帶路（只要集中精神，我也勉強可以），但放掉指南針讓我有全然不同的發現，比方光影。在德州，地形多半寬闊又平坦，陽光直接貼在你的肩膀上，積雲大朵大朵聚集在一起，在地上打下連綿好幾哩的影子。但在伊斯坦堡，夏天的陽光輕飄飄的，午後時分金光閃爍，黑海、馬摩拉海和博斯普魯斯海峽從四面八方把光線折射到空氣中。

我們一個是詩人，一個是舵手，兩人在城市裡漫無目的地遊蕩，其實是在追隨一種悠久的傳統。像這樣測量城市的脈搏並不是什麼新概念。法國人稱城市漫遊者為 flâneur。十九世紀的 flâneur 是一個四處探索的現代漫遊者，把目光所及的大道和拱廊，都當作法國記者維克多・法諾爾（Victor Fournel）所說的「體驗城市的動態照片」。詩人波特萊爾也以敏銳的文采捕捉了這個過程：「對完美的 flâneur、這位熱情的觀察者來說，在人來人往、起起伏伏、轉瞬即逝、無邊無際之中建立一個天地，是莫大的喜悅。雖然離開家，卻又覺得處處是家；觀察這世界，置身於世界的中心，同時又隱藏自身，自外於這世界。」

透過現代 flâneur 的眼光觀察伊斯坦堡的街道，我發現不確定自己站在哪一洲的人，不只我一個。這座七山之城一直隨著王國的盛衰興亡而改變面目。即使到現在，也仍在東與西、宗教與世俗、現代與傳統並置的複雜網絡中，摸索自己的定位。在人行道上，穿著螢光迷你裙、戴著銀色大耳環的土耳其女人，跟一身傳統穆斯林打扮的婦女擦肩而過。支持世俗派的政治海報掛在牆上，跟 ezan（禱告呼召聲，幾乎是伊斯坦堡唯一可以聽到的阿拉伯文）相互應和。現代又時髦的小咖啡館和精品旅館隔壁就是古老的石牆，彷彿在這城市仍稱作君士坦丁堡時，就已存在。

鄂圖曼帝國的痕跡無所不在，例如劃破天際的清真寺尖塔、煙霧瀰漫的鄂圖曼澡堂、遠方一個又一個疊在一起像倒扣茶杯的圓頂。但這城市仍有一些地方讓人想起伊斯坦堡曾是拜占庭帝國的中心，東正教基督徒曾在這裡對上帝之子耶穌祈禱超過一千年。當年君士坦丁大帝觀賞驚險戰車賽留下的競技場跑道輪廓，還有聖索非亞大教堂（世界上最大教堂的稱號維持了近一千年）的拱形圓頂，都可以看到拜占庭帝國留下的遺跡。

在鬧烘烘的街上東飄西蕩時，我們都沒說話，但這種沉默很自在。我們隨性漫步，周圍有什麼吸引住目光就往哪裡走。例如，頭戴深色棒球帽、從直立旋轉烤肉架切下一片軟嫩羊肉的男人；有個女人穿著圍裙，站在櫥窗邊照顧擺得方方正正、撒上白粉的土耳其軟糖；還有滿頭大汗跟人討價還價的首飾銷售員。我們被一場感官的饗宴圍繞，眼前模糊掠過密密麻麻的人群、街頭小販、國旗、海鷗，還有下午的禱告呼召聲（這時，物品打下的影子都跟物品本身一樣長）。

過了一會兒，我示意傑夫切進一條鋪石小巷，遠離大街的喧囂。周圍馬上安靜下來，除了幾個在整理鞋盒的店主，還有一名坐在角落、用看似十六世紀留下來的金屬榨汁機榨柳橙汁的滄桑老人。我用一里拉和蹩腳的土耳其文「謝謝」換到一小杯果汁。我們坐在一旁的陰涼階梯上喝果汁，味道溫溫甜甜，上面浮著泡沫。階梯有尿臊味，但這裡涼爽又安靜，宛如天堂。

我閉上眼睛，把頭靠在傑夫的肩膀上。都快傍晚了，我們還沒找到過夜的地方，我也還不知道自己身在哪一洲。我們的隨性漫遊沒有讓我甩掉尋找精神浮木的渴望，此刻這種漫無邊際的感覺還是令人不安。不過，我心裡有另一部分（放縱而好奇的那一部分）開始想，漫無目的、兩手空空到處遊蕩，會不會有它神聖的一面。

「像這樣迷路也不是天天都有的經驗，對吧？」我說：「你想想，每隔一陣子，電視上就會出現登山客在森林裡失蹤或飛機捲進暴風雪的新聞，可是大多數時候，我們都知道自己站在地球的哪個地方，也可以化成Google地圖上一個明確的紅點。這樣亂走亂逛，沒有GPS告訴你在岔路要右轉，其實還滿老派的，對吧？不知道自己在東南西北哪個方向，這種人大概已經絕種了。」

「這就是有趣的地方。」傑夫閉著眼睛說：「迷路的時候，你不能從A點到B點，因為你根本不知道自己跟A點或B點的相對位置。沒有了A點，B點也就不存在了。」傑夫開口閉口都是自己掰的格言，很難說這些格言是出自尤達大師口中的智慧金句，還是他老兄的鬼扯淡，他自己大概也傻傻分不清。

「好吧。」我笑著說：「可是沒有B點的**感覺**有點可怕。這麼說吧，即使我知道自己沒有致命的危險，還是會覺得害怕，因為我不知道今天晚上我們要睡哪，或者我什麼時候才能洗掉頭髮上的油垢。像這樣到處亂晃，我只能假裝不管天上掉下什麼，我都應付得來。」

「欸……我不也是從OkCupid雲端掉下來的呀？」傑夫說：「或許妳根本用不著『應付』什麼，只要跳上A火車，到餐車點杯琴酒，放輕鬆，順其自然就好了。」

傑夫無時無刻不在挑戰這個世界，要它端出一些新東西讓他瞧瞧。「人生不就那樣，何不找點樂子呢？」他會說，但他的「樂子」通常包括試探行之多年的社會常規（有時甚至不只一種）的底線。這種人既迷人又教人害怕。

• • •

第一次約會，他就對我坦承，離婚後他偷偷以大學辦公室為家已經八個月。當時我們坐在議會大廈對面的一家地下酒吧，桌面上了蠟，燈光昏暗，店名叫「休息室」。與其說是一間酒吧，其實更像一個祕密基地。店裡的座位不超過五桌，但後牆貼的一長排鏡子反射室內空間，讓整個地方看起來更大。裡頭烏漆麻黑，第一次走下長長的地下室樓梯時，我幾乎不見五指。唯一的燈光來自角落那台閃閃發光的自動點唱機，還有吧台的一圈聖誕燈飾。整個地方散發著黑暗德州的氣氛。

「我會說這家酒吧裡頭有些見不得人的勾當。」我們坐下來時，傑夫對我說：「議員啦，妓女啦，檯面下的交易啦。雖然菸都禁了十年，大家在這裡一樣照抽不誤。規則是：要抽菸可以，但警察進來檢查，五千元罰款你得自個兒買單。」

聽他那樣說，我幾乎可以聞到雪茄菸味和一絲廉價香水味，但那或許是金髮酒保用來固定她那五〇年代蓬蓬頭的髮膠。「那是貝芙。」傑夫說，「她從尼克森時代就在這裡了，超級情緒化，但只要給她一點點愛，再為她點首貓王的歌，她就會變成甜姐兒。」傑夫擠擠眼睛，走去吧台點兩杯龍舌蘭。「晚安，小姐，Herradura Silver，不攙水。」

我們互相碰杯。

「所以，你是說，目前為止都**沒人**逮到你睡在學校？」我問。

「沒，安全得很。我把睡袋藏在回收箱，把衣服放在體育館的兩個置物箱裡，從來沒人問東問西。再說，我在牆上掛了很大一幅我高祖父的畫，而且是他穿著迷你蕾絲裝的嬰兒照，超詭異的。他後來用小刀割喉自殺，所以我跟每個人說我辦公室鬧鬼。」

我揚起一邊的眉毛。「也就是說，你把睡袋藏在回收箱，辦公室牆上還有個自殺的小孩……」

他突然一臉愧疚。「呃，我通常不會在第一次約會就說這些事，但我有過一段六年的婚姻，後來離婚了。不是出了什麼問題，只是感情淡了，後來分房睡。但我不想給我女兒西碧留下壞榜樣。」

他啜了一口龍舌蘭，停下來衡量我聽到他有女兒跟前妻的反應。「好吧。」我說，沒被嚇到。

「離婚之後，我想振作起來。」他接著說：「妳知道，典型的中年危機，就想做些瘋狂的事。我辦了一場車庫大拍賣，把家當一件一元全部賣掉，然後搬進辦公室。反正我也得為了垃圾箱計畫減量。」

我把頭髮塞到耳後，靠在桌上問：「什麼垃圾箱計畫？」

他拿出筆記本，興奮地畫出一個長六呎寬六呎的箱子。「妳會考慮跟一個住垃圾箱的男人交往嗎？」

或許？他說垃圾箱計畫是他最近在做的一個社會實驗，想要設法說服布朗斯維爾校區的校長贊助這個好玩的教育計畫。他跟一群學生、科學家和工程師組成團隊，打算用一年的時間把一個三十六平方呎的垃圾箱，改造成先進的迷你住家。改造期間，他都會住在垃圾箱裡。

換成別人，我應該會很驚訝，但不知道為什麼，傑夫的垃圾箱計畫並沒有讓我覺得吃驚。他很會玩弄現實，就跟在陰暗酒吧裡玩我的手指一樣厲害，也跟靠上前捧著我的臉狠狠吻我的功力不相上下。那是綿長而放縱的第一次接吻，正是我決心在第一次約會盡量避免的煽情舉動。我並不反對興之所至的相遇，但是第一次跟網友約會，還是謹慎為上。為了鞏固我的決心，我甚至刻意不刮腿毛，更早之前在廁所的時候，我還瞪著鏡中的自己說：「切勿在還沒深入瞭解他之前，就跟他上床。」

不管有沒有刮腿毛，隨著分秒的流逝，我遵守戒律的機率也愈來愈渺茫。我跟傑夫之間起了神奇的化學變化。他雖然沒搽古龍水，但我喜歡他身上那種甜甜的麝香味。我想把頭埋進他的脖子裡吸氣，但貝芙的眼裡容不下這種養眼畫面。我們展開第二回合的火辣熱吻時，她開始發飆了。

「不行！這裡不玩這個！」她凶巴巴地說，並用老菸槍的沙啞嗓門把我們轟出去。

「抱歉，貝芙。」傑夫說。他抓起我的手，不知悔改地對貝芙擠眼道別，拉著我從樓梯一溜煙溜走，跑得比我的決心飛得還快。

・・・

「繼續走嗎？」傑夫問，輕輕搖醒我。土耳其流行歌曲遠遠飄送過來，我聞到空氣中有一絲洋蔥和橄欖油的味道。屋頂連成的線把太陽切成兩半。我站起來，昏昏欲睡地環顧四周，鋪石街道再過去有一間網咖。我問：「你想收一下信嗎？」我們有智慧型手機，但只能用WiFi上網。傑夫點點頭，我們走向一家悶熱的小店　裡頭擺了二十台電腦，只有年輕店員前面有一台風扇在轉動。店員對我們指指兩台相鄰的電腦。我連在鍵盤上都迷了路，這裡的鍵盤雖然長得像英文鍵盤，還是不太一樣，我打出的郵件地址跳出奇怪的亂碼。

「咦，你找到 Shift 鍵了嗎？」我問傑夫，他沒回答。我轉頭看他，發現他盯著螢幕，咧嘴露出滑稽的笑。

「妳知道嗎？」他說：「我剛收到朋友穆罕默德的信，就是幾年前在哈薩克跟我一起當沙發客的伊朗腳踏車騎士。看來他也來伊斯坦堡幾天，正好在幫某位太太看家，對方剛好也是從奧斯汀來的。他知道我們在伊斯坦堡，想到我們或許需要地方過夜。那位太太家的客廳有個大充氣床。」

我不敢相信。「就這樣？我們今天晚上有床可以睡了？」

「對啊。」傑夫洋洋得意地說：「只要我們搭五點的渡輪趕到亞洲區。」

亞洲區。如果我們要前往亞洲區，那就表示這四個小時，我們一直在歐洲大陸上閒晃。重新定位之後，我靠在旋轉式辦公椅上，不敢相信一切是那麼輕易地重新歸位。我不知道穆罕默德的提議是天上掉下來的好運，還是冥冥中真有一條隱形絲線能把肥皂和枕頭從天上拉下來。我只知道，至少今晚我會有洗手台、一張床，還有一個跟我分享那張床的溫暖身軀。

那樣就夠了。

3 環遊世界種下九百五十七棵樹

比起歐洲區，伊斯坦堡的亞洲區更舒服，工人階級也更多。在卡德柯伊的渡船口，白花花的浪潮沖上古老的石頭堤防，漁夫手拿釣竿彎身站成一排。淡菜小販推著一盆盆塞了米飯的閃亮貽貝和月亮形狀的檸檬片到處兜售。空氣中有股鹹味，太陽低掛空中。穆罕默德在渡船口下方的木棧道上等我們。我們跟著急奔回家的傍晚通勤人群從渡口斜坡擠下來時，傑夫看見了他。

穆罕默德個子矮小，肌肉結實，一頭黑色鬈髮，戴著運動型太陽眼鏡，身穿橘色緊身自行車服，腳踏車靠在他身旁。「妳會愛上這傢伙的。」傑夫在風很大的船上就跟我說：「我們第一次見面時，他剛從伊朗騎到哈薩克——經由新加坡。」

傑夫在木棧道上就熱情高喊：「哈哈，我的兄弟，邪惡軸心！」自從兩年前，兩人在哈薩克的阿拉木圖認識之後，傑夫就很愛拿伊朗和美國之間的緊張關係說笑，而且從中得到很大的樂趣。他自得其樂地稱自己是「大撒旦」（伊朗領袖何梅尼在一九七九年的演講中給美國冠上的創新稱號），同時深情款款地稱呼穆罕默德為「邪惡軸心」（小布希在二〇〇二年的國情咨文給穆罕默德的祖國伊朗取的封號，兩邊的稱號都很有戲）。

「兄弟，上天保佑你們的核原料還夠用。」傑夫說，熱情地張開雙臂，抱住穆罕默德。

穆罕默德用典型的伊朗式幽默回他一記：「昨天晚上，我夢到你們美國的自由民主，結果夢裡空空的，什麼都沒有！」

傑夫像個女學童咯咯笑，轉過頭替我介紹：「兄弟，我來介紹一下，這位是克拉拉，我的……呃……旅伴。」一陣尷尬、卡卡的沉默，擺明想跳過「**我們是什麼關係？**」之類的對話。

如果我們曾經隨口提到「我們的關係」，那也只是半開玩笑地指出我們不知該怎麼稱呼這段關係。「旅伴」聽起來像維多利亞女王在下午茶時的優雅用詞；「女友」則言之過早（何況還觸碰到「承諾」這個大地雷）；「朋友」似乎又違背了我們常常沒穿衣服同床共枕的事實。我們小心翼翼對待難以捉摸的現代愛情，除非有長相廝守的跡象浮出檯面，否則誰也不願為彼此的關係命名。偶爾出現的尷尬沉默，就是我們必須為此付出的代價。

就算有幾秒的尷尬，穆罕默德似乎也沒發現。他熱情地跟我握手，摘下太陽眼鏡，露出一雙看起來比實際年齡（三十好幾）還老的沉靜眼眸。他給人感覺是那種少有的奇人，內心真誠、毫無心機，整個人散發著平靜的光芒，但不是表面的那種，而是由內而外、無法撼動的平靜，宛如歷經千錘百鍊才能養成。

「穆罕默德大概是我在現實生活中遇過最接近聖人的人。」傑夫事先告訴過我。「他自願騎腳踏車環遊世界，鼓吹和平，跟學童一起種樹，而且全程零計畫、零募款。拜託，還有什麼比這樣更像聖人。」

穆罕默德伸出曬得很黑的手臂，往卡德柯伊街巷的方向一指。「我正要去咖啡館跟朋友會合，要不要一起來？」那時我跟傑夫都累到快升天了，還是跟他走進卡德柯伊有如蜘蛛網縱橫交織的鋪石街道。商店林立的狹小巷弄通往一片片開闊的圓形廣場，密密麻麻的深紅色燕尾旗在空中飛揚。懸掛在陽台和窗戶上的土耳其國旗（鮮紅底色加白色星星和一彎新月），在我們頭上飛揚。有座廣場上，一群人隨著波希米亞民俗樂團的牛皮鼓和華麗風笛的節奏打拍子。凱末爾（飽受人民愛戴的土耳其國父）的紅色海報無所不在，四處飄揚，夾雜咚咚咚的規律鼓聲，提醒著我們，這個國家不久之前才淹沒在一波波反獨裁的街頭抗爭中。

穆罕默德在一間戶外小餐館停下來時，我們仍隱約聽到陣陣鼓聲。餐館外擺滿傳統的矮方桌和小藤椅，六名伊朗越野腳踏車騎士聚在一起，身上紅綠兩色的行頭很有架式。「美國大使館一定會不高興。」傑夫喜孜孜地在我耳邊說。在腳踏車車輪、安全帽、伊朗腳踏車服之中混亂地互相擁抱、握手問好之後，大家就在藤椅上坐下來，喝一輪土耳其紅茶。茶放在鬱金香形狀的小玻璃杯裡，搭配紅色條紋圖案的茶碟。

對話雖然親切，但畢竟有限。大家最多只能用簡短的英文加上肢體語言和簡單笑話溝通。**我從哪裡來？我是德州人。對，喬治·布希跟我是鄰居。對，我們都騎馬去上班，除了禮拜天。因為禮拜天我們要跟耶穌禱告，看橄欖球賽，生火烤肉。**

喝完第一輪茶，傑夫靠在牆上打起瞌睡。簡單的句子都說光了，伊朗人開始談起用不上手語的話題。我趁這機會靠向穆罕默德問：「傑夫跟我說過一點你的事，但我想多知道一些。騎腳踏車到全世界種樹不是一般人會做的事。」

穆罕默德笑了笑，呷口茶，雙手放腿上。「讓我說給妳聽。」他說：「故事要從一座山說起。」

十年前，他跟著登山隊到伊朗東北方一座小山的山腳下，離他的家鄉馬什哈德不遠。這趟是遠征帕米爾高原（中亞險峻山脈的所在地）的行前訓練。那天對他來說仍記憶猶新，當時是齋月（九月），胡桃樹才剛要轉成豐潤的金黃色。登山隊打算在黃昏後、齋戒結束時，走月光照亮的小路上山。「一開始跟平常爬山沒兩樣。」他說：「但走了四分之一哩路之後，我突然無法動彈。」

「怎麼了？」我問，一邊把象牙色方糖放進第二杯茶裡攪拌。

「就……全身癱瘓。」穆罕默德輕聲回答，好像全身癱瘓跟肚子餓或輕微頭痛是同等級的事。「我跑不了也動不了，感覺有一股龐大的力量把我的腳壓在地上。教練很生氣，但隊伍不得不拋下我繼續上山。」

穆罕默德對我形容當下的情景：他獨自一人坐在寂靜無聲的山上，看著底下山谷的閃爍燈光，心裡有股強烈的預感：黑暗中有什麼巨大的改變正在發生。到了某個時刻，他打電話跟母親說：**媽，一切就要改變了**。

「妳有過這種感覺嗎？」穆罕默德問我，眼睛突然睜大，閃閃發光。「感覺你就要喪失原本熟悉的一切，變成一個盲人，而熟悉的事物會被什麼取代，而你完全看不見。」他率性揮手一掃。**不見了**。

「我懂。」我盯著他的眼睛說：「我很熟悉那種感覺。」

「我不懂。」穆罕默德說：「原本一切都很好。」

他才跟朋友在家鄉開了公司，生意不錯，也賺了錢。但那晚之後，騎單車環遊世界的童年夢想漸漸重新浮現腦海，卻多了過去沒有的迫切感。他想感受輪胎摩擦地面的感覺，想沿路種下一排樹。這雖然不是什麼實際的生涯規畫，但經過一年的腳踏車訓練和英文補習之後，上路的渴望逐漸超越了對安穩生活的需求。

「有一天我在湖上漂浮，請求天地給我一些暗示。」穆罕默德說：「我覺得太陽和大海都在笑我，就像一個母親在笑不敢嘗試新奇事物的孩子。那個笑代表：**別擔心，沒問題的，我就在這裡，跟你在一起**。所以我就去了。辭了工作，賣掉全部家當籌措旅費。」

「然後呢？」

穆罕默德挑了挑眉。「慘兮兮！沒人贊助，沒錢，女朋友也跑了。我摔斷了手，肩膀又受傷，幾乎想要放棄。」

「有時候，偏要這樣才能重新開始。」我說。

「沒錯。」穆罕默德說，坐在凳子上往後靠。「因為跌到谷底，我才**真正**跨出一大步。後來我不管了，口袋空空就上路，也不知道要怎麼餵飽自己，反正一切順其自然。除了傾聽，跟著直覺走，我決定什麼都不做，剩下的都交給宇宙去完成。」

「你會怕嗎？」我問，熟悉的恐慌湧上心頭。

「怎麼可能不怕！」他哈哈笑。「一開始我怕死了，但現在我已經上路十年，在四十個國家種了九百五十七棵樹，一切都水到渠成。」穆罕默德含著微笑，彷彿參透了什麼人生奧祕。「人生就在於信念。不先跨出第一步，什麼也不曾發生。宇宙只對願意相信的人伸出援手。」

・・・

在早晨的微光下，我意識到的第一件事是晾在窗台上的一排衣服，旁邊有一面土耳其的紅色國旗。曬衣繩上有條紋襪、兩件內褲、一件綠色洋裝。我不太記得昨晚晾了衣服，但隱約記得我在浴室的洗手台前，用肥皂水刷洗洋裝的腋下部位，心裡想著：**也沒那麼糟嘛**。疲憊和時差把其他記憶都變得模糊不清。我不記得天色轉暗時，我們搭公車到公寓，爬上兩段階梯，癱倒在陌生人家的落地窗客廳裡一張吱嘎作響、但很舒服的塑膠充氣床墊上。也不記得我在哪裡找到有如羅馬長袍、包住我全裸身體的螢光橘床單。

聽過穆罕默德的故事之後，床單圍成的長袍和窗外晾的一排衣服突然顯得微不足道。我跟傑夫不帶行李、不做計畫出國流浪才三個禮拜，穆罕默德卻賭上全部的人生，一頭躍進未知的旅行。他的全部家當就綁在腳踏車後座，任何時候名下的存款都不超過五十美金，家鄉既沒有溫暖小窩等著他回去，手頭拮据時也沒有信用卡可刷。

我跟傑夫只不過是兩個選擇兩手空空出國挑戰未知的中產階級美國白人。世界上有許許多多人一無所有，活在未知裡，但不是出於自己的選擇，而是一輩子被迫面對的生存現實。再說，歷史上也不乏堅持過極簡生活遠遠超過三個禮拜的偉人。放掉一切，對聖人來說似乎是必經的過程。甘地嚥下最後一口氣時，名下包括眼鏡和涼鞋的財產不到十件。佛陀離開皇宮觀察人間疾苦，也就放棄了塵世的榮華富貴。先知穆罕默德據說住在簡陋的土房子裡，睡在吊床和棕櫚葉枕頭上。

還有我的父母教我們奉為救世主的耶穌。耶穌要素昧平生的人放下一切跟隨他。「不用擔心生活，比方要吃什麼；」他告誡信徒：「也不用擔心身體，比方要穿什麼。生活不只關乎食物，身體也不只關乎衣服。」耶穌就是那種一身長袍外加麵包和魚，兩袖清風踱出阿塔圖爾克國際機場也絲毫不覺得忐忑的人。

充氣床墊發出沙沙聲響，睡我旁邊的傑夫漸漸醒來。每次看到他沒戴厚框眼鏡，我都會心裡一震，很不習慣。我告訴過他：**感覺像在陌生人旁邊醒來**。他則會虧我：**妳哪知道在陌生人旁邊醒來是什麼感覺**。

「在想什麼？」他問，滾過來瞇著眼睛看我。

「沒什麼。」我騙他。

「才怪。」他說：「輪子在轉～～～動。」

我滾下充氣床墊，從窗台上扯下我的黑色圓點內褲時，他陷進了塑膠深谷。內褲吸收了早晨的空氣，冰冰的，還有點溼，但我照樣穿上。

「不知道。」我說：「在機場的時候，總覺得『不帶行李』旅行既冒險又不怕死，家裡的人聽到，也一副我們要登陸月球似的。**你們的行李就這樣？我的天啊！保重**。可是現在……我不知道耶……我在想這樣會不會有點反高潮。昨天我用肥皂水洗衣服，然後掛起來晾乾，是有點不方便沒錯，但也沒有登上吉力馬札羅山或拿魚叉刺魚當晚餐那麼了不起。不過就是**洗衣服**罷了。以極簡的觀點來說，我們基本上只是在國外洗衣服的兩個美國人。」

「人類從知道遮羞就開始洗衣服了。」傑夫說，打斷我的思緒。「也許這個『反高潮』才厲害，而不是不帶行李去流浪。」

「大概吧。」我說：「號外！號外！就算沒有塞滿東西的衣櫃，世界也不會大亂！」

傑夫摸著地板找眼鏡。「嘿，旅行才剛開始，我們有的是時間等著看世界大亂。」他舉起手接住我丟給他的內褲。「要不要穿好衣服去看聖索菲亞大教堂？」

・・・

我們到木板裝潢的廚房找咖啡喝，給還在睡覺的穆罕默德留了張紙條，之後就循原路折回市區。先坐上一班擁擠的公車，再搭渡船橫越博斯普魯斯海峽，然後走一小段路穿過舊城區的蜿蜒街道。要找到我們的目標並不難。幾哩外就能看到聖索菲亞大教堂有如瀑布的高聳扶壁、拱形圓頂、半圓頂和尖塔，看起來有如女皇長袍上的皺褶。如果建築物也會落地生根，那麼這座大教堂一定在這裡扎了根，從橘紅色的珊瑚門面開始延伸，往下穿透古老的石頭地板，甚至深入泥土本身，也就是西元五三七年就打下地基的同一個地方。有一千多年的時間，聖索菲亞（意指神聖智慧）一直是基督教世界最大的教堂，也是東正教會的中心。一四五三年鄂圖曼人征服這座城市之後，也發現了它不世出的美，於是剷平遺跡，豎起尖塔，大教堂成了清真寺。

如今，教堂改為博物館，來自世界各地的旅客、信徒和朝聖者絡繹不絕，導遊和導覽書小販嗅到了商機，紛紛擠在入口處招攬生意，指望藉機發發觀光財。看見遊客走來，他們就會見機丟出問候語，德文、英文、俄文、法文，什麼語都有。一名目光銳利的矮小商販在買票隊伍中攔住我們，問：「請問你們從哪裡來？」

「不會英文。」傑夫說。他把所有商人看作同類，全是小丑、痞子、弄臣之流，手中的鈴鐺和哨子只是在掩飾算計的眼神，這樣的人隨便應付兩句就行了。

「德文？」小販又問。

「Nein.」傑夫板著臉說。

「法文？」

「Non.」

「俄文？」

「Nyet.」

「朋友，你來自**何方**？」小販懷疑地打量傑夫的牛仔帽。

傑夫皺起眉頭，用濃重的口音宣布：「聶斯特河東岸共和國。」小販聽了只好放棄，把目標轉向穿情侶馬球裝的韓國情侶，讓我們安安靜靜走進宏偉壯觀的「皇室之門」。

一走進門，馬上就能感受到聖索菲亞的魅力。即使經過幾世紀皇帝、主教、蘇丹的權力遞嬗，還有大量湧入的現代觀光客（高舉著智慧型手機而非蠟燭和火把），聖索菲亞仍然魅力不減。教堂內部的恢宏天幕有如切成一半的鍍金柳橙，至今仍讓每個走進來的人讚嘆不已、目瞪口呆。

巨輪大小的分枝吊燈照亮了光滑的石頭地板。天花板上有一幅聖母瑪利亞的鑲嵌畫。她手抱嬰兒，俯視底下的觀光人群，一旁掛著一連串巨大的象形文字，上面有金光閃閃的真主阿拉和哈里發的名字（聖索菲亞如此宏偉，兩個神同處一室也能和睦相處）。另一邊，有群野貓占據了從前皇帝走的石頭地板，神聖和世俗因而巧妙結合（一隻信仰虔誠、名叫Gli的虎斑貓尤其出名，在推特上還有廣大的粉絲，常可看到牠在聖壇燈前曬腳掌、擺姿勢，讓觀光客照相的萌樣）。

傑夫抱著筆記本在吊燈底下素描加冕所在地，我獨自走上石頭拱廊，向這片經過一千多年的盛衰榮枯、至今仍然屹立不搖的神聖空間致敬。「頹圮」也是聖索菲亞坎坷身世的一部分。教堂圓頂曾經燒毀崩塌；地震曾經動搖它的地基；這裡也曾慘遭掠奪破壞。從羅馬天主教的十字軍到鄂圖曼的禁衛軍，都鎮守過這扇門。即使到今日，南面仍有一半搭了鷹架，準備將頹傾的側面建築扶正。然而，縱使曾經崩潰瓦解，至今它仍是一股無法忽視的力量。

我一眼就認出自己的同類。

・・・

妳為什麼會精神崩潰？無論是一頭灰髮的醫生、勸我用肚子呼吸的治療師，甚至很有耐心但不免擔心的爸媽，都想知道為什麼。可是，那時候沒有人拿槍對著我，也沒有地質斷層或入侵的十字軍可以讓我指著他們說：**那就是罪魁禍首**！唯一的線索是大學畢業後出現的輕微精神裂縫。我以班上第一名的成績畢業，卻發現自己跟大部分同儕一樣，在住屋危機中掙扎，提早領悟到世上沒有十拿九穩的事，即使妳是最守規矩的乖乖女也一樣。

也許我上了扭曲的「美國例外主義」（譯按：指美國是世界上獨一無二的國家，其富強與優越非其他國家所能比擬）的當，潛意識理所當然地以為人生從此平步青雲，而焦慮不安、眉頭緊鎖、一屁股卡債都與我無關。某部分來說，精神崩潰就是我對人生幻滅做出的負面反應。原來，生命不是一股所向無敵的強大力量，會整齊地化為一股拚勁和意志力，反倒從內而外都脆弱得超出你的想像。我在嬰兒的柔軟頭顱、曾祖母的枯瘦手腕、日漸枯萎的花朵中，看見了那種脆弱，甚至連我吸進胸腔裡的空氣，都是各種氣體合成的脆弱混合物。

任何東西只要一剪、一刺、加減幾度，就會化為烏有。這一切都教人想不通。你可能在爭奪有機物形成的黏黑液體的戰爭中被砍死，在以沒人看過的隱形上帝之名引爆的炸彈中喪生，也可能因為體內的細胞組織大反撲而掛點。每個人都是暫時關在血肉之軀內的活跳跳生命。沒有什麼事是肯定的。沒有東西可以穩穩地讓你握在手心、貼著心臟。整個宇宙，從細胞到星辰，都捲入一波又一波變化無常的巨浪中。

大多數的美國中產階級都能想通這個不證自明的道理，繼續悠閒自在地啜飲冰奶茶，不知為什麼我卻不行。我該怎麼從容面對這種毀滅性的混亂狀態（又為什麼要？），這不是可以用哲學教科書或鎮定劑解決的問題。這個問題關乎我的身體，它躲在我胸腔裡，掐住我的五臟六腑。我彷彿著了魔，就像在山上突然全身癱瘓的穆罕穆德，無法再往前一步。

而且，這也是一件丟臉的事。當有人問我「妳為什麼崩潰？」時，我不敢承認自己得了精神疾病。我不知該怎麼形容無法控制自己身體的感覺，也無法勇敢地說：「喔，想到人類的處境，除了像藥丸蟲那樣捲成一顆球縮起來，我不知道還能怎麼辦。」

其他人面對這種一直存在的死亡陰影，不都照樣活得好好的嗎？身為美國白人女性，我已經擁有很多人缺少的優勢，既不用面對種族歧視或偏見，也不會被迫嫁給我不喜歡的人，或是在惡劣的環境下長時間工作。我不但有健保，還有爸媽可以依靠。那麼，為什麼我會昏昏沉沉坐在爸媽家的後院，身上裹著毯子，兩眼無神地盯著柵欄？從某方面來說，因為受不了存在焦慮而崩潰算是一種「富貴病」，不是每個人都有陷入存在焦慮的餘裕。

所以當朋友問我「妳為什麼會崩潰？」的時候，比較簡單的回答是聳聳肩，直接說：

「我也不知道。」

・・・

「咱們有伴了。」傑夫說。在我的慫恿下，傑夫跟我在聖索菲亞大教堂和鄰近的藍色清真寺之間的草皮坐下來，悠閒地靠著樹幹曬太陽、吃扭結餅。一隻看起來有點野的流浪狗越過草皮，直直朝我們走過來。那是一隻大型的坎高犬，毛溼溼的，一口尖銳的門牙。坎高犬的特色是毛色特別淡，口鼻有如黑絲絨，常看見牠們在伊斯坦堡的公園和大街上遊蕩。牠們的祖先是古老的安那托利亞牧羊犬。大多數時候，牠們看起來很友善，但我們也看過幾隻跟大教堂的清潔員對抗，雙方好像結怨很深。

「大概想來一點扭結餅。」我說。看牠邁著大步朝我們走來，舌頭垂向一邊，我繃緊神經。但我錯了，那隻狗對扭結餅一點興趣也沒，反而用鼻子去蹭傑夫的手，然後縮成一團，在他大腿旁的草皮上躺下來。不到一分鐘，第二隻狗蹦蹦跳跳跑過來加入，接著是第三隻——一隻深色拉布拉多犬把頭伸到傑夫的手臂下，要傑夫幫牠搔癢。所有狗都把我當空氣，只對傑夫有興趣。

這就像老朋友進城的消息很快在大街小巷傳開。等到我吞下最後一口扭結餅，我們已經被六隻以街頭為家的癩皮狗包圍。有幾隻懶洋洋地躺在陽光下，有幾隻用一口利牙咬著腳踝上的跳蚤，還有幾隻在草地上打滾，翻出毛髮糾結的肚子引人目光。觀光客走過去時都驚訝得張大嘴巴。有人拍了張照片，還有個土耳其小孩瞪大了眼睛走過去，一邊大喊：

「**小心！**」

此情此景，配上耀眼的陽光和下巴快掉下來的遊客，我不知道該說它是神奇還是嚇人（最近經常重複出現的主題）。這是只有我跟傑夫在一起才會出現的超現實場景。傑夫絕不會停下腳步，坐在樹下休息，而我也絕不會引來這麼一大群流浪狗。

「你誰啊？傑克．倫敦嗎？（譯按：美國二十世紀作家，以動物為主角的小說膾炙人口，代表作有《野性的呼喚》和《白牙》）」我倒抽一口氣。「有夠詭異的。」

他聳聳肩，搔搔黑色拉布拉多犬的耳朵。「我能說什麼呢？流浪狗一眼就認出自己的同類。我全身髒兮兮，看到什麼吃什麼，哪裡都能睡，一眼就能看穿陌生人，而且厚顏無恥地活在當下。」

我伸手去順順他好多天沒洗的頭髮時，六對毛茸茸的狗耳朵不約而同地豎起來。「嘿，穆罕默德昨天晚上說的話你信嗎？如果你願意冒險，朝著吸引你的方向前進，那麼『全宇宙』或『上帝』——隨便你怎麼稱呼它——都會來幫助你？」

他想了想。「全宇宙究竟有沒有來幫助你，這很難找到實證。不過，是真是假對我也沒那麼重要，畢竟放手去追那個吸引你的東西，人生不才有趣嗎？就算那根本沒什麼道理。我不知道，妳覺得呢？」

「大概吧。」我說：「我總覺得，驚喜跟危險根本難分難捨。就像現在，有六隻野狗圍著我們，神奇是神奇，但也有點危險。開心擺盪的舌頭旁邊，就是一口利牙。」

「還有，大家都那麼渴望驚喜，但驚喜到底是什麼？」傑夫問。

「我想就是被陌生的事物震撼，愣在原地。」我說：「難以理解的事物就在你面前，徹底超越了你對這世界的認知。」

「嗯。」他笑著說：「陌生、難以理解……聽起來就像危險的標準特徵，雖然我也不是很懂。」

「是嗎，安全牌先生？」我取笑地說，用手肘碰他。「不過，看來驚喜和危險總是一起出現。」

「我想這就是穆罕默德要表達的東西。」傑夫說：「當你右手抓住驚喜，左手握住恐懼，勇敢踏上未知的旅程，神奇的事情就會發生。」

4 你跟我之間

從頭上的阿拉伯絲質頭巾到蕾絲禮服的裙襬，新娘看上去就像一團粉紅色的薄紗棉花糖。她左手舉起一束七彩氣球，紅、橘、黃、綠、藍色的氣球對著伊斯坦堡的天空。新郎穿西裝打領帶，眉開眼笑站在她旁邊，手勾著她的腰，緊緊抱著她。撇開周圍的刺鼻魚腥味不談，兩人就像童話故事裡走出來的公主王子。

我跟傑夫、穆罕默德還有他的兩個朋友站在加拉塔大橋上，一個是高大害羞的伊朗人阿里，另一個是阿里的女朋友莉拉。莉拉來自亞塞拜然，一頭烏黑濃密的鬈髮幾乎要將她頭上的墨鏡吞沒。加拉塔大橋是橫跨金角灣的知名大橋，連結伊斯坦堡的舊城區和金角灣以北、較新的貝伊奧盧區（不過，像伊斯坦堡這麼古老的城市，「新」的標準有別於一般。貝伊奧盧早在西元五世紀就發展成伊斯坦堡的時髦郊區，也就是犁剛開始普及的年代）。

好多老人拿著釣竿擠在橋上欄杆前，把線垂進金角灣中。在午後的陽光下，金角灣果真地如其名，漾著粼粼金光。腳下的每塊水泥都透著蠕動的魚餌、煙燻鯖魚，還有現抓沙丁魚強烈的魚腥味。計程車司機在壅塞的車流中不停抱怨！觀光客對著魚餌桶取景，捕捉伊斯坦堡的各種面貌。這幅驚人的美景也吸引了新人的目光，往後他們只要聞到鯖魚三明治的味道，就一定會聯想起自己的結婚照。

傑夫跟我一樣，立刻發現了那個有如棉花糖的神奇新娘。他眼神一亮：「哇，我們應該去問問可不可以跟他們合照。」

「可以不要嗎？」我懇求他。我一向不喜歡麻煩別人，更何況是在別人的大喜之日。

「問一下又不會少塊肉。」傑夫說。跟我比起來，他對於融入環境沒那麼多心理障礙。莉拉繞過我們，直接去問那對新人，替他省了麻煩。簡短交談幾句之後，新娘點點頭。於是，傑夫帶我走過去，把我的抗議都掃到魚漬斑斑的人行道上（他說：「沒關係，他們又不介意！」）。

我們經常在彼此的習慣和舒適範圍之間來回拉扯，卻沒發現。他把我從安全的象牙塔拉到五光十色的混亂世界，但是當混亂場面失控時，我又會把他拉回來，從我的象牙塔裡觀察這世界。這是持續不斷的協商，也是需要細細拿捏的平衡過程。兩個走鋼索的人伸長手臂，在微微顫抖的緊繃繩索上捕捉彼此的節奏。只要我們找到平衡，神奇事物就會接踵而至；如果我們只顧自己，一切都會摔得稀巴爛。

以這次的經驗來說，最後的成果**非常**神奇。新郎新娘笑咪咪站在中間，頭上飄著七彩氣球，我跟傑夫像一對書擋各站一邊，把他們夾在中間。當初在休士頓出境航廈時，我們心血來潮拍了一張類似的照片，兩個人穿著鞋子並肩站著，背脊挺直，目視前方，猶如兩尊雕像，中間隔著五呎的距離。那個畫面就像鬼才導演衛斯・安德森（Wes Anderson）遺失的電影鏡頭，古怪而精準，而且很快就成了我們之間的**默契**。我們用這個姿勢跟伊朗腳踏車騎士拍過照，也在聖索菲亞大教堂前、博斯普魯斯海峽的渡輪上，甚至跟在卡德柯伊兜售凱末爾紅旗的男人拍過。

如果有人問我們為什麼要站得那麼開，傑夫要不說這樣才潮，要不就耍嘴皮說那天早上他忘了噴體香劑。我承認綠裙配紅褲的畫面很有視覺效果，但我也懷疑我們之間的距離有更深一層沒說破的意義，而且跟體香劑和美感都無關。打從第一次約會開始，我們快如閃電的親密關係就一直在跟缺乏定義的關係拔河。

傑夫對自由自在的執迷，跟某些人對夢幻足球陣容或有機蔬菜汁的執迷一樣。我們剛認識的那個禮拜，他告訴我：「我不知道這是什麼樣的關係、會持續多久，但我不想框住它。」他不是會羞於表達濃情蜜意的人，但前提是：我們的關係是一種**此時此刻**正在發生、有生命有呼吸但沒有名字的東西，沒人能保證明天、甚至——一分鐘它會不會以同樣的形式存在。

我從沒遇過像他這麼需要不受羈絆、活在當下的人。傑夫隨時把護照帶在身上以防萬一；你很少從他口中聽到二十四小時以後發生的事，包括他的學術生涯或他對蝸居垃圾箱的想像。要是有人逼問他明確的計畫，他十之八九會答「再說吧」以轉移話題，好像說出未來的可能性就會減少可行路徑似的（這在他的字典裡好比犯下七宗罪）。到我家過夜，他則會遵守童子軍守則，隔天早上不留下一點痕跡。在他的認知裡，連一支便宜的牙刷都是一種羈絆，是把他跟我連在一起的象徵物，也是加諸在他身上的小小責任。

他不是一直都這個樣子。婚前，他是一夫一妻制的死忠支持者，前女友的名單可以一路排回高中。他原本就過得自由自在，現在這種對自由的偏執，相對來說是一種新現象，也是中年危機的另一種表現。他就像一個鐘擺，從結婚戒指和房屋貸款一下盪到有待探索的新領域。我們決定把彼此的關係當作一種實驗，隨心所欲是唯一的規則，這不只對我是全新的體驗，對他也是。

這樣的關係讓我們成了戀愛新世代的一員。新世代戀愛拒絕老派的正式約會，選擇風險較低的「一起出去」，其實就是隨性約出來見面。這種約會方式在休閒嗜好條列清楚的網路世界裡，發生的機率較高。這種全新、曖昧不清的交往方式，給了男女雙方前所未有的自由和選擇，也讓人前所未有地摸不著頭緒。多少現代男女在簡訊、推特、臉書時間軸上尋尋覓覓，確認兩人在「朋友」、「女友」或「男友」之間的模糊臨界線上，究竟站在哪個位置（至於「結婚」通常是用來說笑的話題，「共結連理」更是老派到極點）。

對傑夫來說，不帶行李、不做計畫去旅行，只是小意思。我們無拘無束的旅行實驗，不過是他在家鄉的生活更極端一點的版本。只穿一件櫻桃色內褲去旅行不算極端，真正極端的是帶**我**一起去旅行：一個小小的承諾；一個可能的羈絆；另一個有自己的看法和需求、也希望被認真看待的血肉之軀。

世界上唯一可以名正言順綁住他的人，只有他的五歲女兒西碧。她是唯一聽他親口說過「我愛你」的人。傑夫對她有部分監護權。這表示每隔兩週，他會排開週末的所有活動，從布朗斯維爾開七小時的車到大學城（College Station）跟她住幾天。他很保護女兒（我是他離婚後唯一戒慎恐懼介紹給女兒認識的對象），即使他有時不知怎麼負起兼職爸爸的責任。身邊跟著一個五歲大的孩子，人沒辦法說變就變。

我曾經跟著傑夫到他爸媽的農場，與西碧開心度過兩個週末。傑夫有女兒這件事從沒困擾過我，他對自由的渴望也是，至少一開始沒有。跟正常社會脫節兩年之後，我對大多數事物抱持開放的心態，一心只想把對浩瀚內在世界的探索，轉移到外在世界，而傑夫就是我的入場券。我們的開放關係對我來說是一個刺激的挑戰。再說，他的人格特質不正跟我藏在硬碟裡、「我尋尋覓覓的男人」的祕密檔案吻合嗎？

我跟傑夫一樣，過去的戀情都符合一夫一妻制、「我愛你」、「我們（要不要）共度此生」的傳統模式。但是每段感情都慢慢死去，而且死相難看，一來我還年輕，二來想到一輩子要在同一個人身邊醒來，我就背脊發涼。如果兩人的關係太受限（太狹隘），我要不棄船，要不就提議走在時代尖端、需要高超特技（一下類分手，一下類約會，一下類劈腿）的開放關係。兩種方法都不可避免地走向慘烈的結局。

然而，跟傑夫在一起，除了擁有我可以接受的開放關係，還有別的好處。他渴望自由，但也不吝嗇把這份自由延伸到所有人身上，包括我在內。他真的希望我想做什麼就去做，無論是棄船而去，還是每晚替換網路約會對象。畢竟這是個實驗，我們只要大膽嘗試、順其自然就好了。

•••

我們一行人走到加拉塔大橋的另一邊，海鷗在我們頭上盤旋。莉拉負責帶路，貝伊奧盧是她的地盤，她跟十二隻從街上救回的小貓住在附近的一間公寓。「走這邊。」她說，腳步堅定地帶我們跨過繁忙的十字路口，走進地下電車站。我們坐上歷史有名的「隧道電車」，這輛電車唯一的工作，就是載著乘客在六百公尺高的山丘上上下下。莉拉三十五、六歲，一板一眼，塗著紅色指甲油，拎著特大號手提袋，上面凸起的金色字體寫著「beloved」。她在男友阿里面前顯得有點害羞。阿里又高又黑，二頭肌把T恤的袖子繃得緊緊的，他在女友面前也一樣害羞。我發現他著迷地盯著她看，好像還沒記住她狂野鬈髮的弧度，或是她露出防衛笑容時噘起嘴的模樣。他們並肩站在電車上時，看起來像是才第二次約會。

電車爬到山頂，我們走下車，莉拉說：「這裡就是獨立大街，很有名的一條街。有幾百萬人來，從早到晚。」車站通向一條寬闊而明亮的步行街道，整排古老的新古典主義建築綿延而去，還有古董店、咖啡館、法式甜點屋、書局、夜總會等各式商店。高傲時髦的時裝模特兒垂眼望著戶外的人山人海，有的人大包小包，更多人拿著甜筒悠閒踱步。美國大多數地方，都沒有這種在徒步區散步、單純沐浴在壯觀街景中的傳統。

兩個禮拜前，這條街湧進了一萬名和平示威群眾，抗議國家對民主權利的箝制、媒體審查制度、貪污腐敗，以及警察的暴力鎮壓。莉拉告訴我們，當時她住的這條街瀰漫了催淚瓦斯。我們經過一間 GAP 服飾店，有面櫥窗裂成碎片，一群抗議人士平和地圍著點有蠟燭、紀念傷亡者的紀念碑。我堅定地跟抗議者站在一起，但是一想到要在這個最近才被警察暴力鎮壓的國際大都會遊玩，不免有點猶豫。

莉拉卻沒這個問題。這就是她平常生活的地方，抗議活動或許撼動了她居住的城市，但沒有打擊她對這座城市的驕傲。她想為我們介紹她熟悉的街道。能透過她的眼睛認識獨立大街，我覺得很幸運，只是走在鋪石街道上時，一股強烈的痛楚一直讓我分心。不過走了兩天路，我的下背部就開始痠痛。我們才剛討論過嚴肅的示威事件，這時提鞋子的問題總覺得很瑣碎。但我不得不承認，穿這雙杏桃色鞋帶的涼鞋出國，是我嚴重誤判情勢。莉拉應該知道哪裡可以買到耐穿的鞋子。

我把她拉到一邊說明狀況之後，她馬上採取行動，先把阿里、穆罕默德和傑夫打發走，然後篤定地說：「我知道一個地方。」那口氣讓我覺得她已經挑好最適合的一雙鞋，只等我去櫃台結帳。不到幾分鐘，我們就站在一家繁忙熱鬧的二樓鞋店裡頭。她在走道間穿梭、挑選涼鞋時，我趁機向她打探。

「所以，妳跟阿里認識多久了？」

她紅著臉說：「我們一個月前才在電車上認識。」

「他真的很喜歡妳。」我說：「很可愛。」

「是還不錯。」她說：「不過也不容易，阿里不會說土耳其文，我也不會說波斯文，所以……我們只好一起練英文。」

「等一下！」我不敢置信。「所以你們認識的時候，兩個人甚至沒有共通的語言？」

「沒錯。」她說，拿起一雙黑色楔形涼鞋讓我看。「我們在上線上課程，用電話練習英文。愛是很好的老師，不是嗎？」

我驚呆了。即使有共同的語言，戀愛也已夠複雜曲折了。我無法想像怎麼用初級字彙表達對彼此的細微感受。**你好嗎**？**廁所在哪裡**？**今天天氣很溫暖（言外之意是：當我看見你朝我走過來時，我的心臟差點從喉嚨跳出來，甚至忘了自己叫什麼名字）**。

我跟傑夫很幸運，至少還說著相同的語言，雖然我們各自經過一些試煉才找到彼此。網路交友不適合心臟脆弱的人，尤其在德州奧斯汀。在這裡，約會幾乎像另類的休閒運動。在一個半數人口都單身，而且 high 起來顯得年輕又誘人（儘管他們還記得卡特政府的年代）的地方，戀愛難免帶有競爭意味。

眼神清亮的大學生，成群聚集在全食超市旗艦店的豆腐和藜麥沙拉攤位。咖啡館一排柔和迷濛的燈光，高度經過精準的計算，都是為了讓五官看起來更迷人。如果你閉上眼睛轉圈圈，無論停在哪裡，保證你面前不是配備八〇年代的伴唱設備，就是提供苦艾酒和蛋白調配的手搖雞尾酒的奇怪約會場所。這城市巴不得每個人都陷入愛河，就算不行，跟某個剛在網路上認識的有趣陌生人去看場表演也好。在奧斯汀，開個網路交友帳號是單身人士的必經過程，認真找對象的人會選擇 Match 或 eHarmony，賭小一點的人投奔 OkCupid，玩家等級的就湧向 Tinder 或 Grindr。

這幾年我都在我的小套房裡、心理治療師的沙發上、硬著頭皮接下的兼差檔案管理工作之間，慢吞吞、病懨懨地來回移動，所以我想選擇隨性點的約會路線比較明智。我把靈魂簽給 OkCupid，不指望遇到靈魂伴侶，只想有一個讓我搽上口紅、走出家門的正當理由。

我自認為是瑕疵品，因此在交友網站填寫個人資料就像在修改履歷，掩蓋自己長期失業的事實（這種事我也幹過）。填到「興趣」這一項時，我寫收集日本茶壺、水彩畫、下雙陸棋，沒有坦承我愛逛討論焦慮的網路論壇、愛看自我成長書，還有思索宇宙的本質。我上傳了康復後拍的一張不會讓我聯想到阿飄的自拍照，遇到「你最私密的告白」這個問題時，也避免提到我跟精神病院擦肩而過的事。輸入完成之後，克拉拉．班森看起來幾乎就像你會邊喝雞尾酒、邊打情罵俏的女孩。

編輯完個人檔案，我緊張地點下「瀏覽速配對象」。OkCupid跳出一個問題：「你想尋找什麼樣的人？」我心裡沒有理想的人選，但點的人好像都是中年男子，特別是教授。好奇之下，我把搜尋範圍縮小到異性戀、單身男子、有博士學位、年齡介於三十二到五十歲之間。一點下滑鼠，眼前出現了幾百個男人。排列整齊的照片，跟購物網站詭異地相似。我隨便按下第一個檔案。這位「大衛博士」是個黑頭髮的科學家，戴著義大利牌子的太陽眼鏡，長得斯斯文文。他最喜歡的書是丹．布朗的《天使與磨鬼》（錯字！），最私密的告白是：「我是希臘神話裡肌肉結實的半人半馬。」我忍不住翻了個白眼，**抱歉了，「磨鬼」先生，半人半馬**。

下一個是「冬原」，三十九歲的帥哥，一頭被風吹亂的土黃色頭髮，神情憂鬱，是哲學博士。我的心跳加速，也許我們可以徹夜暢談齊克果對angst（憂懼）的概念?也許不行。我瀏覽他對理想對象開出的基本條件，字數比他剛完成的博士論文摘要還多。冬原先生的夢中情人要火辣、苗條、聰明、對知識好奇、誠實、幽默、體貼、性感、文化水準高、旅行經驗豐富，還要能一邊幫人按摩、一邊進行挑逗的哲學對話（當然是在床上）。

「精神大崩潰」顯然不在他列出的條件裡。**冬原先生，刪掉**。我點回之前的搜尋結果，繼續像偷窺狂一樣瀏覽一排排的學者教授，直到滑鼠停在「一人帳棚」上方。那是從一張張勤勉好學的臉孔中跳出的「威利」。只見他臉上一抹奸笑，甚至也像威利戴著一副黑框眼鏡，還繫著枴杖糖圖案的墨西哥大領結。

「一人帳棚」看起來不像教授，反而比較像小丑。他把「閒晃」跟「兩步舞」列入他的專長，還說他禮拜五晚上「都在混亂人群中遊蕩，暴露自己的空虛」，看起來是很有野心的週末嗜好。他的偶像是古希臘犬儒學派的代表人物戴奧吉尼斯，閒來沒事就在思考巧合、死亡和時空連續體的問題。「**我喜歡奇特的人**，」他寫道：「**自由的人，不落俗套的人，有獨特過去的人，永遠在尋覓新奇事物的人**。」

終於有個跟我頻道一致的人選，更幸運的是，我不需要是冬原先生心目中體貼又性感的單身女郎，就有資格寫信給對方。**有「獨特」過去的人，這點應該就夠了**。我很快就發出一封信。

親愛的帳棚先生：

眞巧，戴奧吉尼斯剛好是我最喜歡的古希臘男人。不得不佩服有種哲學家，會放棄人世間所有財產，搬進雅典市中心的一個大桶子裡住。當面給亞歷山大大帝難看，大概要比有種更有種。哈！總之，很高興有人可以把推翻社會規範當作自己的志業，甚至闖出名堂。只是想讓你知道，我也花很多時間思考死亡、巧合和時空連續體。所以，咳咳，我叫克拉拉，就這樣。

一按下「傳送」鍵，我心裡開始恐慌。我是不是違反跟人搭訕的潛規則？為什麼開頭就提一個已經作古的希臘男人？誰會在第一封網路交友信就提到時空連續體？（除了天文物理學家奈爾・德葛拉司・泰森。）（Neil deGrasse Tyson，譯按：主持多個天文物理節目的美國天文學家。）

結果根本沒必要恐慌。一人帳棚先生隔天早上十一點零六分回信給我。他名叫傑夫，有個類似戴奧吉尼斯的「居住處境」，還問我有沒有興趣攪一攪社會規範的大缸。

・・・

那晚，莉拉把我們五人帶到位在陡峭山坡一角的小酒館，從那裡可以俯瞰伊斯坦堡的整片天際線。清真寺的燈光在閃閃發亮的城市裡閃爍，遠方船隻像螢光魚滑過水面。我們自己絕對找不到這麼好的地方。莉拉帶我們走向一張桌子，笑著問：「你們喜歡嗎？」

我們坐下來，帶著敬意啜著小杯土耳其茶，彷彿拿到這座城市的精彩表演的貴賓入場券。桌子底下，我的一雙腳包在新買的軟皮涼鞋裡。我把原來那雙鞋留在獨立大街上，免費送給不用走那麼遠的行人。

穆罕默德和阿里坐在桌子的另一邊用波斯語低聲交換近況，坐我對面的莉拉正在跟我分享她養的十二隻貓的手機照（「這是 Koposh 和 Bobik，Noor 和 Findik 在毯子底下。Caco 是我從路上撿回來的」）。傑夫匆匆對我一笑，靜靜坐在我旁邊，我們沒碰觸對方。

我跟傑夫都是獨處時也很舒服自在的人，尤其是傑夫。連他的 OkCupid 帳號「一人帳棚」都暗示他對空間的渴望。他的生活的每個面向都很難讓另一個人融入他的圈子（雖然不是故意的），不管是垃圾箱房子、偷偷以辦公室為家、不要命地環遊世界都是。

然而，如今我們一起在這裡，挑戰高難度的空中走鋼索，試圖跟彼此產生連結，又不期待這段關係會維持多久。我們想試試看，有沒有可能相愛而不占有，有沒有可能保留兩個軀體之間的空隙，不去縮短或拉大彼此的距離，毫無保留地付出我們的愛，儘管無法保證兩人的愛到了明天會不會變了樣。我們想試著牢牢抓住對方，但不要太用力。

5 求婚記

從伊斯坦堡到土耳其西岸陽光充足的大都會伊茲密爾，要將近十二個小時。首先要搭三小時渡輪，橫越博斯普魯斯海峽到沿岸小鎮班德爾馬，然後快快走出港口，尋覓最近的沙威瑪小吃店草草解決午餐，因為接下來還得坐八小時火車才能抵達目的地。事後回想，我們很容易忘記旅行有很多時候，都不是望著宏偉的紀念碑或博物館的展覽讚嘆不已，而是望著船隻、巴士、飛機或火車上灰撲撲的窗外發呆。旅行經常不是在A點或B點停留，而是不上不下懸在兩點之間。

千篇一律、無盡延伸的旅途風景，其實跟目的地本身一樣值得一書，尤其是在火車上。那些一閃而過的廣闊田地、匡啷匡啷低沉而規律的列車運轉聲，還有自己印在車窗上模糊虛幻的倒影，都聯手起來對人催眠，化身成平凡單調的日常生活中少見的浮雲遊子。美國女詩人普拉斯（Sylvia Plath）曾在日記中把火車車輪的語言比作心靈的節奏：「像壞掉的唱片發出的旋律，為心靈的片段總結：上帝已死，上帝已死，走吧，走吧，走吧。而撩動春心的晃動車廂，便是醉人狂喜。」

八小時之久的火車之旅要是有撩動春心的晃動車廂，我就心滿意足了，但傑夫跟我不一樣，他在移動的車廂裡也得動來動去。我旁邊的位置經常是空的，我想像他一樣，在一節節車廂裡晃來晃去，觀察乘客，找機會跟人搭訕攀談。我不時睜開眼睛，就會發現座位旁多了彷彿小鳥叼來的食物，比方吃了一半的巧克力棒、一瓶果汁，或是薄薄紙杯裝、喝了一口的咖啡。他對於我們晚上十點才到伊茲密爾，而且還沒找到過夜的地方，依舊毫不擔心，只說：「再看看，再看看，再看看。」

我們是在吃土耳其傳統早餐時（有薄餅、番茄、小黃瓜和羊奶起司），說好下一站去伊茲密爾。之所以選擇此地，只因為從地圖上看那似乎是個好地方：一個陽光充足、位在土耳其西岸的大都會。「陽光充足的大都會」就是我們對這個地方的全部認識，而且我們雖然在網路上廣發詢問函，徵求伊茲密爾的沙發主人，但離開伊斯坦堡之後，我們就沒時間上網收信了。旅程的另一端再次成為未知，而且一樣令人不安。

火車到站時，車站黑麻麻的，月台上冷冷清清。我跟傑夫站在街燈的光暈下看著對方，連「**接下來呢？**」都懶得問。然後，就像套好招一般，一輛腳踏車突然從陰影中現身，從左側滑過來，經過我們面前。腳踏車騎士騎過去又轉回來，是一個踩著輪子的精靈女孩。

「你一定是傑夫吧。」她說，指著傑夫的牛仔帽。「我在你的沙發客檔案上看過這頂帽子。」傑夫的眼睛瞪得跟我一樣大。我們根本不確定她是多封詢問信之中的哪一位沙發主人，也不知道她怎麼知道我們明確的抵達時間，因為連我們自己都抓不準。「我叫艾滋吉。」她親切地說：「我收到你的信了，你們可以睡我的沙發。」

就這樣。我們不用流浪街頭了。

艾滋吉像個小精靈，一頭鬈得像鋼絲彈簧的黑髮垂在臉龐兩側；貓頭鷹般的褐色大眼從腳踏車把手上方盯著我們瞧。雖然才二十出頭，迷幻風格的彩花褲和花俏的塑膠首飾散發一股嬉皮老靈魂的調調。「今天是週末狂歡夜！」她開心大喊：「咱們走吧！」

我們跟著她穿越空蕩蕩的廣場和大道，從一個街燈跳到另一個街燈（有如黑暗中的金色小島）。中途，她跑進街角的一家商店買了幾罐啤酒，最後終於把我們帶到目的地：愛琴海沿岸一條寬闊翠綠的海濱步道。步道上擠滿你儂我儂的情侶、坐在長椅上幫人觸惑的算命師，還有一群群散落在夏季草地上的小鬼（艾滋吉說，伊茲密爾是土耳其的威尼斯海灘）。

她的朋友就是在草皮上飲酒作樂的其中一群。一夥人下圍棋下得正起勁（我以為這種古老的中國桌遊都是年紀一把的白鬍老人在玩的遊戲，跟時髦的土耳其年輕人扯不上邊）。我們脫掉鞋子，自然而然地跟這群年輕人打成一片，一起喝啤酒、聊週末計畫、嗑瓜子。這種輕鬆隨性的感覺很棒。

愛琴海醉人的浪潮和土耳其啤酒的強烈麥芽味，都讓傑夫的心情特別放鬆。過了一、兩個小時，他微醺地靠過去艾滋吉那裡，說要借她的塑膠戒指。那是一枚亮晶晶的粉紅色大戒指，看起來像是直接從芭比娃娃的珠寶盒裡撈出來的。傑夫拿著那枚俗麗的戒指，跳起來把我拉向他。我有預感，這傢伙就要引起大轟動了！

但我萬萬沒想到他會單腳跪地。

艾滋吉和她的朋友看見傑夫戲劇化地跪下來，把粉紅戒指套進我的手指，都在旁邊大聲歡呼。**妳願意嫁給我嗎**？他擺明了把這裡當作劇場，把這件事當成表演。譁眾取寵的傢伙！然而，當我說「願意」，而他抱著我往後倒、陶醉萬分地在我唇上印下深深一吻時，我心裡卻閃過一絲不全然只是配合演出的火花，連我自己都嚇了一跳。那種真情流露的感覺逼近一股渴望，照理說不該出現才對。我像對付頑固的蜘蛛網一樣將它撥開。**別以為我會上你的當，寶貝**。不是只有你會開玩笑。之後大夥兒嘻嘻哈哈，有說有笑，沉醉在溫暖的海風和啤酒中。

• • •

隔天早上，我在艾滋吉的客廳沙發上醒來時，那枚亮晶晶的粉紅色戒指還戴在手指上。我穿著她的T恤，這件超大件的橘色上衣跟她迷幻風格的公寓非常搭。她的公寓看起來像是幼稚園小朋友一手布置的：一幅手繪的無尾熊壁畫懶洋洋地看著客廳；一拖拉庫的塑膠公仔仔細排放在每個平面上（值得一提的裝飾還有貼在顯眼位置的海綿寶寶海報，以及戴防毒面具的螢光色外星人）。

這件橘色上衣跟我手上的戒指也很搭。我轉了轉手指上果凍般的俗麗塑膠環。昨晚的求婚場景是喝醉酒開的玩笑，有點讓人傻眼，畢竟我們都避免碰觸承諾的話題，哪怕只是模糊帶過。總之，玩笑終歸是玩笑。我跟傑夫對步上禮堂完全不感興趣，這點我們早已跟彼此表明。儘管如此，我仍然可以感覺到昨晚的那股渴望，但不是渴望「白頭偕老，至死不渝」，只是戒指本身代表的一點點意義：比方在這段未下定義的關係版圖裡，輕輕畫出幾條界線；比方好好陪伴對方走一段；或是五分鐘後仍然想跟對方在一起的渴望。**妳犯規了**。我告訴自己：**妳不該奢望這些東西**。

廚房裡傳來傑夫劈哩啪啦的動作聲。他是那種連泡杯咖啡都會弄得全屋子都聽到的人。他的紅褲子還丟在地上，這表示他得趕在吵醒睡在陽台上的艾滋吉之前把咖啡煮好。果不其然，不一會兒，他就光著下半身、端著一杯雀巢咖啡靠在肚臍上從廚房走進來。我發現他瞄了戒指一眼。這傢伙有雙鷹眼，腦中的「承諾雷達」正閃著鮮豔紅光。**紅色警戒**！**紅色警戒**！

「還戴著亮晶晶喔？」

被逮到了。

「喔。」我若無其事地說：「一定是昨天戴著睡著了。」我故作輕鬆地把戒指摘下來，放在艾滋吉昨天凌晨三點叫的達美樂披薩那堆紙盒上。

傑夫拿起仍留著我手指溫度的戒指，輕輕放在掌心裡轉動。「我發誓過絕不會再婚，現在卻在土耳其沿岸跟一個五天沒換衣服的女人訂了婚。」又一個玩笑。

我尷尬地笑了笑。「所以，我們要把臉書的感情狀態改成『已訂婚』嗎？」

他沒答腔，我沒說話。房間裡，除了從窗戶飄進來的嗡嗡車流聲，一點聲響也沒有。我們的假訂婚在早晨清醒的光線下變得難以消化。這枚戒指本身就是一種象徵，凡是象徵就有重量，即使是亮晶晶的粉紅色戒指也一樣。這個代表束縛的東西讓他不安，在他眼中就像偽裝成珠寶的錨，說穿了就是一種桎梏。

「欸，我們從上飛機後就像連體嬰一樣黏在一起。」我開口，好給自己找個台階下。「你不覺得我們稍微分開一下比較好嗎？」

「好主意。」他說，答應得未免有點太快。

自我保護的笨拙反應。懸崖勒馬，緊急煞車。我們是兩隻靦腆的小貓，怯怯地想親近對方，但突然一個風吹草動又嚇得躲回床底下。

‧‧‧

早上的微微海風沒多久就轉熱。沿著海濱步道散步，我的肩膀快被烤焦了。我是回到水邊療傷的動物，或者這只是一種自虐？離開艾滋吉的公寓後，我又回到昨晚飲酒作樂的同一塊草皮上，儘管在大白天裡，它看起來跟昨晚不太一樣。海草和葵花子堆成抽象圖案，在熱燙燙的人行道上曬太陽。木棧道在慵懶寂靜的下午，幾乎空無一人。老人坐在椅子上打瞌睡；女人坐在門口搧風，想辦法捕捉到一點微涼。我把好幾天沒洗的棉質圍巾披在肩膀上，繼續走向步道的盡頭，再過去是一片粗獷的工業用碼頭。

獨自散步跟攜伴或一群人一起散步很不一樣。一個匿名的獨行者既是嚮導也是觀察者，要負責在充滿無限可能的都市風景裡找出自己的路線、步調和方位。如果獨行者對眼前的城市有清楚的認識，那麼這個城市對獨行者就有如一張攤開的地圖。經驗豐富的旅人都知道，獨自旅行比成群結伴更容易跟陌生人自然互動。相反地，陌生人很難打進自成一群的小圈圈，隨意的搭訕都可能被當成打擾。

如果我跟傑夫走在一起，我想坐在飽受海水侵蝕的矮樹叢下精壯的老漁夫就不會打開一張塑膠椅，邀我跟他分享那一小片三角形樹蔭（這就要說到性別上的差異了。無論是在德州的奧斯汀或土耳其的伊茲密爾，女性獨行者的經驗往往跟男性獨行者不太一樣）。一開始我有點害怕，強烈意識到自己孤單無援，而木棧道是這般孤立冷清。正確作法應該是避免眼神接觸，假裝沒聽見繼續往前走，但因為某個原因，我直視他的雙眼，那是一雙真誠的眼睛。我還瞄了他的手一眼，看起來不像會亂來，於是我順從直覺坐了下來。

我們沒有自我介紹，跳過閒話家常，直接切入主題，這正合我意。老漁夫會說三種語言，他操著一口流利的英文（這只是他的十八般武藝之一），因為他跟前妻在英國工作過幾年，學會了英文（他說前妻是**老巫婆**，邊說還邊往魚餌保鮮盒旁的枯黃草皮狠狠吐一口痰）。

「這、是、魚、嗎？」他變身為百老匯演員，搞笑模仿觀光客的呆板腔調。「該死的觀光客，老是用英文問我一些蠢問題。我假裝自己只是聽不懂那些笑話的老漁夫，直到最後一刻才撂英文：『還有什麼需要我幫忙的嗎？』」他邪惡地咯咯笑。「他們目瞪口呆的樣子是我唯一負擔得起的娛樂。」

話匣子一開，他開始滔滔不絕，在不同話題之間輕鬆地跳來跳去，一下對人生的本質大發議論，一下毫不客氣地辱罵前妻。無論雅俗，每個句子他都要加上一串很難忽略的**該死的**和**去他媽的**加以裝飾。

我問他住哪裡，他回答：「妳現在就坐在我**該死的**家裡。」每天早上，他會跟漁友潛進水裡找魚餌，到了下午就架好魚線，晚上再把睡墊鋪在樹下睡覺。他的全部家當都綁成一堆，放在魚餌保鮮箱和塑膠椅「客廳」的後面。技術上來說，這樣算非法占地，但他自有應付警察的辦法。雖然能維生，但並不容易，他臉上的皺紋也愈來愈多。

有時他會離開岸邊，去清真寺教想讀可蘭經原文的土耳其人阿拉伯文。「老子才不管你是穆斯林、新教徒，還是天主教徒。」他對著空空的木棧道大吼，像對著隱形群眾傳道的先知。「還不是同一個神？對哪個神祈禱並不重要，重要的是祈禱本身。我一向都說：『祈禱才是正事，其他都是放屁。』」

「這點我可以認同。」我笑著說。

「妳來伊茲密爾做什麼？」他話鋒一轉。我大概解釋了我們的實驗，但跳過網路交友的部分。他不以為然地應了一句：「妳這樣的女孩為什麼他媽的不帶行李出來旅行？」**妳這樣的女孩**。**也就是家境富裕、不用把床墊藏在樹叢後面的白人女孩**。他說中要害了。我突然有點難為情。我這位不知何名何姓的同伴睡在樹下，靠抓魚餌和釣魚維生，他的未來永遠處於未知。我也體驗過某種陌生未知的生活，但絕對不是他過的這種，不是這麼危險四伏、赤裸真實的生活。但這個想法並沒有促使我馬上衝回家到部落格上發文，假掰自己如何跟貧窮短暫交會，生命從此改觀。我不會搬出老掉牙、「珍惜所有」的勸世文，說我有多麼慶幸自己**不是**那個我從此不會再見面的貧窮老漁夫。

如果我跟他一樣毫不保留地說出自己想說的話，我應該會說：**我不知道自己為什麼不帶他媽的行李出來旅行，但我正努力地仔細看、認真聽，一點一點拼湊出人類的本質。而你熱烈的禱告、一連串的髒話，還有一大早就潛進海底摸索黏呼呼的小蟲以便撐到第二天的例行工作，都給了我一些細微的線索**。

・・・

我獨自一人頂著大太陽，站在散落著石柱和倒塌拱門的草地上，汗水細細地滴下小腿。天氣又悶又熱，但用昏昏欲睡的悶熱下午交換專屬於我一人的羅馬大廣場，非常值得！早上，我在艾滋吉家附近坐上公車，在車上就看見這些羅馬圓柱。只見一叢愛奧尼亞柱突兀地豎立在米黃色的辦公大樓間，當下我就決定要獨自前往那座廢墟朝聖。

小時候，我看遍圖書館裡考古學類的書，不知有多少個夜晚，拿手電筒躲在棉被底下，一頭栽進特洛伊的傳說故事中，鼓起勇氣看圖坦卡門層層包裹的屍體，還研究了米諾斯文明中袒胸露乳、驚人的女性時尚（一面擔心會被上帝發現）。廢墟對以寫字為業的我，也有股吸引力。那些廢墟就好比粗略的線條，渴望被填入柴火炊煙、古老的三角戀和可怕的瘟疫等真實的血肉。

廢墟也吸引著我的存在焦慮（雖然有點病態）。廢墟背後的時代背景，讓我們對興衰榮枯的既定感受瞬間瓦解。有什麼比坐在曾經稱霸世界、如今只剩破瓦殘垣的文明廢墟中，更能提醒我們生命有限，而人類的所有努力終將化為塵土。「望著古老的石塊，我們會覺得成功（或失敗）的焦慮減輕了。」哲學家艾倫．狄波頓（Alain de Botton）曾說：「無論如何，一切事物終將消逝。以永恆的標準來看，激勵我們往上爬的事物顯得多麼微不足道。」

那片廣場廢墟不難找到。我照著艾滋吉給我的簡易地圖，告別了老漁夫的樹下小窩，穿過市區悠閒而日常的街巷。老漁夫說，要是我又回去就請我喝咖啡。**我雖然窮，還買得起一杯該死的咖啡**。我跟他握手，說能跟他聊天，我覺得真**他媽的**榮幸。一小時後，我掏出五里拉給廣場售票亭裡的嬌小灰髮女人，心中有股巨大的滿足感。沒有傑夫，我照樣可以趴趴走，而且我也不需要那枚亮晶晶的粉紅色戒指。

廢墟石柱高高低低，有如樂高積木散落在廣場上。我漫步其間，豎起耳朵，聽見水在石頭間流動的聲音。聲音微弱，但感覺很近。我跟著水聲踏上一段往下的石階，避開了豔陽，走進有如迷宮的地窖，周圍有生苔的拱門和仍在流動的小水溝。我不只一人獨享廣場，還有兩千年歷史的羅馬下水道與我相伴。

我脫掉涼鞋，舀水把後頸打溼，然後在青苔上躺下來，打算在這裡消磨一下午。發呆是土耳其的傳統。在伊斯坦堡，商店老闆懶洋洋地望著遠方，沒人挪動身體去打開報紙或查看手機。昨天我在火車上，也看到老先生背著手，獨自站在空蕩蕩的鄉間道路上凝望地平線，而且不為什麼特別的目的（不可思議！）。不論是獨自或集體發呆，在美國人眼中都很稀罕，這種事一般只會在公車站、美術館或街頭遊民身上看到。

我很擅長一個人發呆，但未必是天人合一的禪坐冥想。我無時無刻不在腦中進行激烈的冥想，整個人捲進狂暴劇烈的思想旋風中。心智的雨季。思想的颶風。

小時候，我思考的是我唯一知道的事，那就是神學的奧祕。**為什麼我爸可以直接聽到上帝的聲音，而我連一點點微弱的訊號都沒收到？那些從來沒有機會學會救贖禱告的亞馬遜偏遠部落有什麼下場？如果上帝是個頂天立地的男子漢，為什麼會把鄰人送進地獄？**

我人生中的第一次存在危機，發生在十歲那年。當時我突然決定放棄對上帝的信仰，因為我發現祂創造的世界從很多方面來看，都不太令人滿意。對於像我這樣信仰虔誠、照三餐禱告、暑假都在軍事化管理的教會營隊中度過、每兩天就到教堂報到的小孩來說，懷疑論是很嚴重的錯誤。有好幾個月，我獨自承受無神世界的痛苦，直覺認為爸媽沒辦法在餵飽居家自學的五個小孩、維繫關係緊繃的婚姻之餘，還能處理我對形而上學的複雜疑問。我只會在睡前丟下線索，不經意地問：「爸，我們怎麼知道上帝是真實存在的？」換句話說，大概就是：「爸，我們怎麼知道自己不是沒有上帝守護的孤單生物，只是盲目地在變化無常的生命裡掙扎，終有一天會面對死亡？」

我爸媽已經盡力為我闡釋福音神學的概念，但標準的聖經論述總是需要某種程度的盲目信仰，無法讓我信服。我就像刑事調查員，一定要證據確鑿才能結案。有人拿了一本基督教辨惑學的書給我看，書中主張在紅海發現的車輪化石軌跡，以及在洞窟中發現的希伯來文古老卷軸，就是上帝存在的證據。即使年僅十歲，我卻覺得這些考古紀錄沒有直搗問題核心。我需要的是諾亞看見的彩虹、摩西觸到的嗎哪，我要的是永恆直穿背脊而過的真實感覺。

當時我並不知道，爸媽之所以無法平息我對存在的疑問，是因為他們也有自己的疑問要擺平。追根究柢，今天我擁有的這個年輕而古怪的生命，都要拜一九四四年完成的一部法國存在主義戲劇所賜。當年我父親讀到《沒有出口》（*No Exit*）時，還是加州大學洛杉磯分校的建築系學生。《沒有出口》是沙特有名的獨幕劇，劇中三個被打入地獄的靈魂生生世世都鎖在同一個房間裡。生命是一連串無止境的苦難和無意義的互動（如同沙特的那句名言「他者即地獄」），劇中傳達的這個概念讓我爸坐立難安，所以他馬上放下劇本，直接走進最近的一所福音派教會，投靠天堂。

他在洛杉磯認識了我媽，當時她也到教堂尋求希望。生下我姐姐安娜之後，她幹了幾年的按摩師，在威尼斯海灘的一間小公寓跟我姐相依為命。巧合的是，她也是因為沙特的刺激才走進教會。不過，給她當頭棒喝的是另一本小說《嘔吐》（*Nausea*）。兩人的婚禮很簡單，當天我媽戴了一頂別上花朵的白色草帽，我爸戴著人眼鏡。

一年後，我在奧勒岡州的波特蘭出生，一個神經敏感、有腸絞痛毛病的嬰兒，某方面可說是經由存在主義哲學家的不安心靈才降臨這世界。有時我會想，我哇哇大哭，是不是因為我知道自己得重拾爸媽當年留下的問題。每個父母不都會把各式各樣的特徵或習性遺傳給小孩（比方綠色眼睛、憂鬱症、中年啤酒肚）？而我遺傳的特徵剛好就是一大堆對存在的疑問。

．．．

「有個美國人也在這裡，他想問妳願不願意跟他喝一杯。」艾滋吉說。我坐在她工作的波希米亞風西班牙小酒館，傑夫跟我約好晚餐時間在這裡碰面。看來伊茲密爾人晚餐吃得很晚，因為店裡的質樸木椅大都還空著。**那個神祕的美國人在哪裡**？「從這裡看不到。」艾滋吉說：「他坐在角落。」貓頭鷹似的眼睛閃了一閃。**跟我來！**

「好。」我說：「可是他怎麼知道我在這裡？」

她還沒回答，黑色飛鼠褲就從我眼前飄走。我跟在飛鼠褲管後面，心裡有點好奇。今天是各種邀約來者不拒的一天。我拐了個彎，就看見傑夫揚起鬼牌小丑似的笑容。他當然就是那個美國人，我早該猜到。「我們才分開幾個小時，妳就答應跟陌生男人喝酒！」他說。艾滋吉咯咯笑，傑夫把我拉向他。「我想妳了。」他輕聲對我說，早上的彆扭一掃而空。

他就是這樣。關係緊張就默默拉開距離，隔幾小時再度出現，又好像什麼事也沒有。把憂慮說出口、賦予它們聲音的重量，是一種軟弱的表現。忽略它、繼續往前走，才是保險的作法。如果他對我敞開心房，我或許也會對他敞開心房。然後我們會走到哪裡？一旦暴露自己的弱點，想要「保持簡單」就沒那麼容易了。

「你有聽到聲音嗎？」我往街道的方向豎起耳朵。聽起來像遠方傳來的誦經聲。艾滋吉拿著水罐飄過來，跟我們說幾條街外有抗議活動。原來捲入政治抗議活動的城市，不是只有伊斯坦堡。過去一個月來，土耳其境內超過四十個城市，約有七百萬人集結起來抗議獨裁政府，伊茲密爾也包括在內。

「我們一定要去看看。」傑夫說。

「但是不能插手惹事。」我警告他，腦中閃過我們離開前一週電視新聞重複播放的照片。照片中，一名鎮暴警察對一名穿紅色洋裝的土耳其女性發射催淚瓦斯。她沒事似的拿著皮包，眼睛垂視，姿態莊嚴而放鬆，彷彿只是剛在地上發現了一枚銅板，而催淚瓦斯正好在這一刻把她的頭髮吹得開花。

出國之前，我爸媽也表達過他們的擔心。才幾個月前，我還是個只吃花生醬三明治和蛋白奶昔、不敢走出家門的隱士（我媽坦承，她看到我的來電還是會深吸一口氣）。想到我要跟一個認識沒多久的人飛到世界的另一頭，他們還是有點不安。看見「伊斯坦堡市區淪為戰區」和「數千民眾抗議土國總統獨裁統治」的新聞標題，更讓他們提心吊膽。但我媽很沉得住氣，多半把擔憂藏在心裡。「千萬要小心就是了。」她嘆道：「生了五個愛流浪的小孩，大概是我十八歲就逃家的報應。」

傑夫選擇的旅行地點也常讓他爸媽捏一把冷汗。他曾跟吉爾吉斯的邊境衛兵大吵一架，在約旦偏遠南部的瓦地倫紮營，徒步穿越開普敦的崎嶇地區，在納米比亞北部的喀拉哈里沙漠，開著出租車跟人追逐二十分鐘。他的臉書個人檔案裡，有一張他跟四個頭戴寬邊黑帽、滿臉笑容、豎起拇指的哈西德派猶太人站在加利利海前的合照。「他們沿著約旦河西岸搭便車。」傑夫說：「我載了他們一程。他們說上帝會保護我們。」

傑夫他爸每次都說：「兒子，或許今年你可以去夏威夷。」

我並不害怕政治激進主義，也曾在達拉斯跟華爾街占領行動的成員一起遊行，還研究過殖民主義跟開發中國家的抗爭歷史。但土耳其抗議行動的規模不可同日而語，而且中途介入別人家的政治運動並不妥當。若說我要在裡頭扮演什麼樣的角色，應該是跟街上幾百名的抗議群眾靜靜地站在一起，跟著他們在主要大道上前進，見證他們把拳頭舉向天空，頭上飄揚著土耳其國旗。

我們朝著人群前進，每走一步，吶喊聲就愈大。集體抗議聲把我吸引過去，那種轟隆的聲音很難得，很少能親身體驗。只聽見群眾齊聲對著天空重複吶喊同一句口號。我曾在教堂唱詩班聽過齊聲歌唱，也曾在「電台司令」的演唱會上聽過，但從沒聽過那麼多人齊聲吶喊，也從沒聽過如此激動而迫切的吶喊。

我轉身想跟傑夫分享這一刻的激動，卻發現他不見了，淹沒在人群之中。他在OkCupid個人檔案上的那句「躋身混亂中」看來是真格的，我又落單了。與其說害怕，我更覺得生氣。我除了隨著穿紅衣服的外圍抗議人群一起移動，任由遊行隊伍推著我走過一條又一條的街，一邊搜尋遠方的牛仔帽，也沒有別的選擇。前方，太陽漸漸沉下愛琴海。**該死**！這是我二十四小時以來第三次朝那條海濱步道移動，又要回到那片被愛情迷昏頭的草皮。

抗議隊伍走到海邊時，我火冒三丈。到處不見牛仔帽的蹤影。**除了他自己，傑夫曾意識到別人的存在嗎**？我才不要追著一個不說一聲就消失的人跑來跑去。我又不是人頭獵人，一旦在乎我就輸了。

但就在我決定放棄、走回艾滋吉的咖啡館那一刻，卻看見傑夫大步走向我，一臉擔憂。

「現在是怎樣？」我大吼：「你突然就不見了！」我當著他的面發飆，氣得臉紅脖子粗。

「我不知道啊！」他抱歉地說：「前一秒我還看到妳，下一秒妳就不見了，我找了妳半個小時。」

「喔，是嗎？」我用挖苦的語氣說。

他伸手按住我的肩膀，直視我的雙眼：「**是真的**。妳難道以為我會這樣丟下妳？」答對了。我的確把他看作可以掉頭就走的男人。我們之間刻意保留的曖昧關係，讓我就算看到他把亮晶晶粉紅戒指丟進愛琴海裡，迎著伊茲密爾的霞光揚長而去，也不會太過驚訝。然而，此時此刻他卻溫柔地看著我，彷彿他不說一聲就消失，跟教企鵝飛上天一樣不可能。

早上，他像小貓一樣急急躲到床底下，此刻卻從床底下鑽出來，蹭著我的大腿撒嬌，深情地呼嚕呼嚕叫。他又變成了鐘擺，在自由和欲望之間來回擺盪。我盡可能地跟上他搖擺的節奏，抓出擺盪的距離，拿捏自己落在光譜的哪一邊。但是我不能無限期地面對這種搖擺不定的狀態。總有一天，他必須決定自己想要什麼，我也一樣。

6 偶然與巧合

所有動作一瞬間放慢：傑夫伸手去抓我們面前的芝麻扭結餅，撕下一口，動作熟練地放進嘴巴裡大口咀嚼。我看見這可怕的一幕在我眼前展開，卻無力阻止他的臼齒上下移動，把麵包磨成碎片。我瞪大眼睛，伸出手肘戳他的肋骨。

那個扭結餅不是我們的。

扭結餅的主人是跟我們搭同班火車前往艾斐索斯的土耳其老奶奶。她就坐在我們對面，個頭嬌小，下巴裹著一條花圍巾，兩個孫女坐在她旁邊，端莊地把手放在桌子底下，眼睛瞪得跟我一樣大。沒人發出聲音，大家面面相覷，不知所措，好像剛剛目睹一名搶人東西卻懶得逃跑的惡棍。

傑夫無時無刻不在把食物往嘴裡塞。在餐廳裡，他會東沾一點酪梨沙拉，西抓一把炸薯條，還不忘偷挖一口鷹嘴豆泥。有一次在奧斯汀，某家餐廳剛辦完告別單身派對，桌上還剩好多可樂餅、香檳和醃肉拼盤。他無恥地把每瓶酒、每盤菜都搬到我們那桌，美其名為「升級回收」。（還狡辯說：「這攸關我的個人名譽！我怎麼能自稱『垃圾箱教授』卻眼睜睜看著這些剩菜丟進垃圾堆？」）

我用手肘戳他：「**天啊**，傑夫，你剛剛當著她的面吃了她的扭結餅，現在我們成了搶老人東西吃的美國土匪！」

「靠，我以為那是**妳**買的扭結餅！」他小聲說，然後轉頭對老奶奶抱歉地一鞠躬，外加一連串求她原諒的動作。老奶奶不發一語，伸手把被偷吃一口的扭結餅拉向自己，像移動棋盤上的棋子。我一愣，以為她會當場破口大罵，沒想到她又撕下一塊扭結餅，客氣有禮地拿給傑夫，爬滿皺紋的臉綻放燦爛的笑容。土耳其人有名的熱情好客赦免了傑夫的貪吃罪。看見傑夫把麵包塞進嘴巴，對老奶奶脫帽道謝，兩個女孩都靦腆地咯咯笑。

「你接下來還要端出什麼美國人的刻板形象？」我在他耳邊問：「腰包加卡其短褲嗎？」

・・・

我們一早就離開了艾滋吉在伊茲密爾的公寓，現在正要前往艾斐索斯參觀歷史遺跡。

離開前，艾滋吉還在陽台上的露天小窩睡覺，傑夫躡手躡腳走去陽台收衣服，那是我們出國以來第一次好好把衣服洗過、晾起來。出國之前，朋友問我們衣服還沒乾的時候要穿什麼。我們坦承還沒想過這個問題，但打算跟其他事情一樣隨機應變。所以傑夫鬆鬆圍著一條舊毛巾遮住下半身，我自己則是幾乎全裸地蹲在窗前拿相機拍他，只見他快速穿上紅色內褲，一面用毛巾遮住重要部位，免得蛋蛋迎著陽台微風吹送的畫面玷污了伊茲密爾。

這是沙發客才會碰到的奇特親密關係。這個網路社群鼓勵旅人進出陌生人的生活（有時是穿著內褲）。首先，你要登入網站瀏覽當地沙發主人的資料，然後寄出多封詢問信，尋求在陌生人的舒服沙發上免費打呼的機會。比較保守的旅人多半對這種事退避三舍，但是沙發客當然也有防護措施。主人和旅人都經過過濾、評論和評分（刪掉可疑分子的有效方法）。除此之外，沙發客跟沙發主人之間多半是你情我願。只有熱情好客的人願意為陌生人敞開家門；反過來說，也只有某些人受得了睡在陌生人家的沙發上，甘冒相處上的摩擦、半夜有人叫外送披薩、牆壁太薄，以及沙發隱隱散發貓臭味的風險。

然而，犧牲了隱私，卻得到從當地人眼光去體驗一個陌生城市的難得機會。在沙發主人眼中，這座城市一點也不陌生，他們知道在地人才知道的捷徑、俚語、私房景點、便宜又大碗的餐館、當地人在酒吧乾杯尬酒時愛說的話。跟著沙發主人走，你很少會走到艾菲爾鐵塔、自由女神像，或是其他賣明信片的熱門觀光景點（就算有，通常也是為了去觀察名勝背後的東西）。

當沙發客就像晚上望進亮著燈的窗戶，匆匆瞥見他人日常生活的內部，感覺既遙遠又親密。我對艾滋吉從小長大的城市一無所知，也不知道她父親脾氣好不好、她晚上睡覺時心裡藏著什麼願望。然而，我卻穿著她的睡衣睡覺，跟她的一群朋友幹掉了好多啤酒，還沐浴在她家前門掛的外國壁畫的銀白光輝中。

邀請陌生人走進你最私人的空間，需要極大的信任。這項行為本身往往把傳統的人際關係曲線壓縮到高度集中的短短兩天之內。有些沙發主人喜歡客氣的閒話家常，但跳過客套寒暄、直接切入旅遊書上建議盡量避免的禁忌話題的人，也所在多有（通常是政治、宗教和性相關的話題）。沙發客可以直接切入正題，上至當地政治，下至家族記憶，甚至異國風流韻事，無所不談（傑夫遇過一個沙發客手腳並用細數她曾跟人發生關係的國家，結果手腳得輪兩輪才數得完）。

艾滋吉的沙發就是當沙發客的縮影。一個短暫、但徹底融入的當地體驗，沒有安排好的行程，沒有服務櫃台，沒有搖旗子的導遊，只有一張放在超大無尾熊壁畫底下的紅色沙發（還有一台洗衣機，謝天謝地）。

• • •

我們在艾斐索斯的巨大遺跡中，重新找到了搖著旗子的導遊身影。他們出現在每根巨大圓柱和紀念牌匾的後面，對臉上閃爍著汗水和防曬油、氣喘噓噓的遊客解說希臘羅馬的歷史。

艾斐索斯確實美得令人屏息。一大片神廟、浴場和圓形露天廣場組成的大理石遺跡，蔓延在好幾畝散落著尤加利樹和棕櫚樹的山丘上。土耳其人稱它為以弗所，過去是一個蓬勃發展的希臘前哨站，羅馬人出現後帶來了浴場、下水道和格鬥士。幾世紀以來，隨著宗教潮流的改變，同樣的地方卻成了十字架、門徒和信徒的地盤（以弗所是新約聖經提到的七座亞洲教堂之一，耶穌的很多門徒都曾來過這裡）。

這裡不像美國的一些歷史古蹟拉起一條條封鎖線，以免遊客在珍貴的文化遺產上留下指紋。幾乎沒有一處遺跡是「禁止進入」。我爬上當年使徒保羅寫信給哥林多人的地點，走向阿特密絲神殿（古代世界七大奇景之一）遺留至今的最後一根柱子前，甚至走進一片圓頂，蹲在層層疊疊、令人讚嘆的塞爾蘇斯圖書館裡，當年這裡的書櫃收藏了一萬兩千卷書（最後卻在西元二六二年引發圖書館大火）。

我跟傑夫一走進去就自然而然分開行動。這樣也好，我細細品味一座神廟的時間，他可以把整片遺跡逛完三圈。我跟著一隊中國旅行團走了一會兒，便切進一條靜謐小路，旁邊是一排荒廢的石屋。我躲進其中一間，不敢相信這裡沒寫「禁止進入」，裡頭的石板牆已經坍塌，野草從石縫中冒出來，有人把一只空菸盒丟在這裡。我伸手去摸石板，想像二十個世紀前誰曾經坐在這個房間裡。

土耳其到處是我小時候讀過的聖經遺址。底格里斯河和幼發拉底河跟伊甸園有關。東邊的亞拉拉特山，據說是諾亞方舟歷經大洪水後的最後停靠地。新約聖經有很多內容都是土耳其的基督教社群和外界往來的書信，或是土耳其的基督教社群所寫的書信。當我觸摸這些石頭的時候，卻很難想像艾斐索斯的大理石遺跡跟我所知的基督教血脈有何關聯。

住在波特蘭的時候，我們家的小孩都在一九九〇年代的五旬節復興運動中長大。當時，做禮拜往往是搞到三更半夜的激烈活動。牧師祈求聖靈降臨，把手放在教徒身上，一排排教徒在神聖力量下像骨牌一樣紛紛倒地。看到進入狂喜狀態的教徒躺在地上扭來扭去，或喃喃念著陌生的語言跑過走道，也不是什麼奇怪的事。

後來我們搬到沃斯堡，加入一個很受歡迎的電視布道家旗下的大型教會。雖然跟以前不太一樣，還是很超現實。他們會舉辦布道大會，體育館內湧進好幾千名信徒。錢當然也扮演了一定的角色。牧師擁有私人噴射機、摩托車、高級西裝。錄影和錄音人員則把布道內容傳送到全世界。感覺我們也參與了一件偉大的事。

但名聲讓人感到困惑。身為青年教團的一員，我常懷疑耶穌本人對這些盛大場面會作何感想。這位拿撒勒的木匠看到宣稱繼承其教誨的複雜宗教組織，會不會很驚訝？這是福音要傳達的訊息嗎？

福音派教會已經不是我的世界的一部分，但隔著一段距離，我不再否認它塑造了現在的我。我的教養過程就是一扇探索人類欲望和人生追求的奇特窗戶。它把我放在一個不同尋常的軌道上。從小到大，我看著一群信徒拚命想跟高於自己的力量連結，過程往往很教條化又漏洞百出，但那種想與神交流的渴望卻是真誠的。教會在「墮落的世界」裡提供了一個小小的、踏實的立足點，讓人有神可以呼救，有規則可以遵循，有希望可以終止一切苦難。我比誰都理解宗教的吸引力——即使我不再是信徒。

・・・

在廢墟中冥想過後，我在大劇場找到了傑夫。這座巨大的圓形露天劇場在半山腰上鋪展開來，只見他站在舞台正中央（可想而知），對著兩萬五千個多半空著的座位，底下就是當年羅馬格鬥士揮棍把對方打成肉醬的競技場。我坐在好幾排後面，準備看他想使出什麼把戲娛樂大家（至少不包括甩棍揮棒）。

「各位同學，今天我們要討論城市內部懸浮微粒污染的空間變異性！」他大吼，像個大指揮家舉起手臂。前排一對躲在陽傘下的情侶抬起頭，好奇地打量他。**這是一種歷史再現的活動嗎**？

「要是你們這些懶惰蟲自愛一點，今天早上準時來上課，我們現在**已經**在討論這個重要的議題了。我的課有無聊到讓兩萬四千九百人都決定繼續賴床，跳過這堂中午的課嗎？今天沒來的人都要扣分，不接受任何藉口，我相信你們的『奶奶』不會還『困在突然倒塌的柱子底下』。有問題的話，辦公時間請到哈德良神殿找我。」

很滑稽的表演，但我還是笑了。傑夫比誰都容易逗我笑。我的朋友很納悶（而且毫不隱瞞），我這種個性的人怎麼受得了他的厚臉皮和瘋瘋癲癲。我能從這個實驗中得到什麼好處？我努力跟他們解釋，雖然違背所有常理，但傑夫的開朗瘋狂經常能讓我平靜下來。那是對抗我的焦慮的特效藥，而我竟然也靠著他振作起來。「據我所知，他百分之九十八的時間真的很快樂。」我在電話上跟我媽說：「我從沒遇過這樣的人。」

當我的腦袋從一片混亂中醒過來時，他很少去分析我悶悶不樂的原因，反而把我輕輕包在毯子做成的繭裡，讓我坐在他的腿上來回搖晃，臉上掛著充滿感染力的笑容。幾分鐘後，焦慮不知不覺化為一陣嘻笑。他擁有一種奇特的能力，能夠把我從對未來的可怕想像拉回實實在在的**當下**，而**當下**永遠能掌握在自己手裡。

・・・

「你聽過七睡人的傳說嗎？」我問傑夫。看完足以塞滿好幾間博物館的大理石雕之後，我們躺在一棵松樹的針葉樹蔭下休息。

「沒有。」傑夫說，隨手擦掉額頭上的汗水。「是什麼樣的傳說？」

「跟時空穿梭有關，我從一個導遊那裡偷聽來的。看來以弗所人比《超時空博士》（*Doctor Who*，譯按：英國廣播公司製作的長壽科幻影集）還超前時代。」

根據當地的傳說，西元二五〇年，七名年輕基督徒為了逃避迫害，躲到以弗所山上的洞穴裡。經過第一晚的洞穴睡衣派對之後，他們派一個人去城裡打聽消息，順便帶麵包回來。怪的是，原本反基督徒的城市一夜之間到處可見十字架，此人便去問當地的商店老闆。一問之下才發現，現在已經不是西元二五〇年，而是五世紀初，羅馬帝國變成了基督教王國。也就是說，七睡人不只睡了一晚，而是睡了一百八十年。這個消息太不可思議，七睡人聽了當場昏了過去。

「哇，有夠超現實。」我說：「對我們來說，就像睡前還沒爆發南北戰爭，醒來卻置身滿街是智慧型手機、冷凍披薩和矽膠假奶的世界。時間真是一種詭異的東西。」

「我不相信時間。」傑夫說，彷彿時間是一種網路陰謀論。「至少我不相信一般所謂直線前進的時間。我認為時間是流動的、超空間的，只是我們還不知道怎麼呈現它。」

「所以你才對巧合那麼著迷。」

「對。巧合就像可以窺見時間、因果關係，還有事物之間關係的小洞，幾乎所有人都有過巧合的經驗。不經意、奇特的同時性，當然也有大規模的巧合，把不同因素詭異地匯集在一起，很難合理解釋為什麼。」

「對。」我說：「可是，如果假設時間不一定是單向的，而因果關係可能可以倒過來反向運作……」

傑夫說出我心裡的想法：「那麼有些東西又為什麼會在時空裡交會，就有了一套全新的可能的解釋。」

「就像那棵橡樹。」

「對。」他笑著說：「就像那棵橡樹。」

・・・

橡樹事件發生在我們於議會大廈初次見面的隔天早上。那是四月的第一個禮拜六。團團怒放的紫荊花推翻了水氣瀰漫的冬季調色盤。黃水仙洋蔥似的刺鼻味在街上飄送，提醒人們這是一年中唯一可以赤腳踩在草地上而不用擔心紅火蟻攻擊或芒刺扎腳的時節。家家戶戶隨意開著窗，門扉半掩，全奧斯汀的人都跑到室外享受難得的和煦天氣。

前一晚的約會仍讓我輕飄飄的，我也忍不住挖出塞在衣櫃後面的涼鞋，走出套房，開車到「綠帶」（奧斯汀西端綠意盎然、綿延八哩長的石灰岩森林）踏青。搬到奧斯汀這兩年期間，我只去過綠帶一次。第一次去的時候溪水乾涸，這次卻漲滿了春雨。我把小腿泡進水裡時哇哇大叫，因為腳趾冷到麻掉，手臂起了雞皮疙瘩。

離開河邊後，我踉踉蹌蹌踏上步道，像漫無目的亂走的醉鬼。昨晚的約會、湍急的溪水、從每個枝頭和縫隙迸出的動人綠意，都讓我欣喜若狂。

走了一、兩哩路，我就看到了那棵樹。離步道不遠的空地上，矗立著一棵龐然大樹，我愣在原地。樹幹像帆船桅杆一樣粗，看起來至少有一百歲了。樹枝彎彎曲曲地伸向天空，彷彿在招手叫我過去。這棵樹把我拉向它的軌道。我脫掉涼鞋，走向盤根錯節的樹根繞了一圈，尋找適合的踏腳處。我要爬上這棵樹！這感覺不像一種選擇，而是一道命令。

我不再是當年的野丫頭，但小心助跑幾次，把膝蓋擦破皮之後，我真的爬到樹上，坐進大樹教堂裡呼吸清新的空氣，皮膚貼著樹幹，腳趾和指甲裡都卡了溼溼的泥土。周圍杳無人跡，那是何等神聖的一刻！

開車回家後，我就把這件事拋到腦後。隔天早上傑夫來找我，這是我們第二次見面。我沒告訴他我住十六戶公寓裡的哪一戶，他卻大搖大擺走到我家門前，門剛好開著，他直接走進來，好像在這裡住了一輩子。他說他是看門口那堆搖搖欲墜的貝殼猜到的。

那天，他身上穿了一件一九四〇年代的橄欖綠跳傘裝，是他從墨西哥邊境某家二手店的垃圾箱挖出來的（這跟他大多數的故事一樣，聽來就像德州的鄉野奇譚，但八成不假）。跳傘裝對科學教授來說是滿勁爆的服裝，或者說，只要穿在非空軍人士身上都很勁爆，不過他自己倒是相當得意。當我們躺在我家地毯上看著對方，試探兩晚前的魔力少了龍舌蘭的加持還存不存在時，我無法否認這套衣服很適合他。他拿出手機。

「想不想去兜風？昨天我發現了一個地方，想帶妳去看看。」他說：「我想妳一定會喜歡。」

「好啊。」我笑著問：「在哪？」

「那個地方叫作綠帶，妳去過嗎？」

我愣了一下。「其實……我昨天才剛去過。」

「真的？我只去過一次，但沒什麼印象，因為那次灌了好多啤酒，又是半夜三點的裸泳派對。總之呢，這次我跟朋友走了很遠，結果在樹林裡發現了一棵很大的橡樹，妳一定要去看看。好**誇張**，感覺它要伸出手抓住我。」他在地毯上張開雙臂，模仿樹枝。

我坐起來直直盯著他。**這算什麼？偷偷跟蹤別人的惡作劇嗎？或許網路交友真是天大的錯誤。**

「欸，那就怪了。」我說：「因為我也發現了一棵樹，還爬到樹上。」

「咦，怪怪。」傑夫說：「我也爬了我的那棵樹，妳要看照片嗎？」他在手機上按來按去，然後把螢幕湊近我的眼前。我一愣。那就是我看到的那棵盤根錯節的大橡樹。**我的橡樹**。我瞪大眼睛看著傑夫，驚訝得說不出話。**這是惡作劇嗎？他是不是跟蹤我？攝影小組躲在哪裡？**

「你絕對不相信這就是我昨天爬的同一棵樹。」我輕聲說：「這樣的機率有多大？」

在同一個禮拜六下午跑到同一座公園還有可能，畢竟綠帶在奧斯汀兩百五十座公園之中很受歡迎。到八哩長步道的同一段路健行也不是沒有可能，但從橡樹那裡開始，過程變得愈來愈不可思議。我跟傑夫在同一個下午受同一條步道吸引、走向同一棵樹（綠帶森林裡有好幾百棵老橡樹）的機率有多高？況且，就算我們被同一棵樹吸引，那麼在幾小時前後都覺得非**爬上**那棵樹不可的機率又有多高？我已經八百年沒爬樹了，傑夫也是。

同樣令人驚訝的是，那棵樹深深震撼了他，所以隔天早上，他走進我家跟我提的第一件事就是它。我是植物迷，但從來不曾走進別人家裡劈頭就說：「你絕對不會相信我在河邊新發現的絲柏。」

我跟傑夫面面相覷，那棵樹的照片就放在我們中間的地毯上。「這代表某種意義嗎？」我問。

「我不知道。」他慢慢說出口：「『意義』多多少少暗示有個人或東西在安排著這一切，但我不認為因果是這樣運作的。」他的手指在我的手臂上滑移，用我的雀斑玩連連看的遊戲。「不過，一定有什麼不尋常的事正在發生。當這種無法解釋的『同時性』冒出來的時候，應該就在提醒我們要特別留心周圍發生的事。」

「聽我說，兩天前我們見面的時候，那感覺就像……」我愈說愈小聲，不知該不該對剛認識的人那麼坦白。替《柯孟夢波丹》、《Glamour》、《美麗佳人》寫過約會專欄的作家都會一致反對我想說出口的話。

「像什麼？」他推我一下：「說啊。」

「就像有什麼被挑動起來。」我說：「有種招架不住的感覺。」

「哈，這我完全可以證實。」他擠了擠眼。

「拜託，黃色笑話就免了。那甚至不是特別浪漫的感覺 總之，我們見面的那一刻，感覺好像有許多可能性一下子釋放出來，我們的交會彷彿啟動了什麼東西。喔喔，我知道這樣很犯規，但我想我們之間有些神奇的連結。」

他沒有一臉驚恐，反而露出微笑。「妳說的或許沒錯。哇，我喜歡用宇宙的偉大連結勇敢展開第二次約會的女人。」

7 期望愈高，失望愈大

當我跟傑夫決定跟以弗所遺跡說掰掰、坐上夜間柴油渡輪「航向」雅典的那一刻，我腦中馬上浮現電影《鐵達尼號》前半段的幾個場景：月光閃爍的浪潮、船首右舷的可愛海豚，還有沁人心肺卻不至於吹亂頭髮的冷冽海風（基本上就是扣掉撞冰山之外的夢幻場景）。我不知道自己是怎麼回事。還沒實際看過一個地方，就對異國風景抱著不切實際的想像，這已經違反了我自己的旅行原則。現實很少（甚至從來沒有）符合過我天馬行空的想像，所以完全不抱期望、迎向各種驚喜，似乎才是比較保險的作法。莎士比亞就警告過我們：「期望往往會落空，特別是看似充滿希望之處。」

期望成真需要高超的掌控力，不然就得有超好的運氣，這兩種不管在旅途中或人生的各種階段，都不是說有就有。再說，除了統計學上不可能發生，期望成真也滿無聊的。我們以為可以用廣博的知識為自己想像出最完美、最理想的結局，到頭來卻往往是不受控制的現實和意外的彎路，才逼得我們不得不成熟長大。

儘管知道這些道理，人還是有強烈的**預期傾向**，想預料、預想、預測未來，這大概已經寫入我們的ＤＮＡ裡。預測未來當然沒什麼不對，用在火車時刻表、颶風觀測、退休金帳戶等實際事物上，顯然有其好處。問題是，人類的心智一下子就能從現實跳到幻想。前一秒，你還在理性規畫夏天要種的香草，下一秒，就開始幻想豪華遊艇；或是想像，假如你的工作被外包到印度，男朋友跟某個身上刺青的風騷酒保跑了，而你十之八九得了某種罕見癌症（根據你在網路醫生網站爬文多日的結果），你該怎麼辦？

人腦編造故事的能力一向令人讚嘆，但編造出來的東西不管是好是壞，都只存在於神經突觸連成的網絡中。我想像的鍍金時代夢幻渡輪，在我們走上登船斜坡的那一刻就已徹底粉碎。船艙內部不像豪華大遊輪，反而比較像波音七四七。裡頭有一排排顏色灰土、類似機艙座位的扶手座椅，狹小廁所裡的垃圾桶多到滿出來，地板溼滑，天知道沾了什麼髒東西。我四處都找不到欄杆晶亮的豪華樓梯，或是掛著漂亮窗簾、保護隱私的高級睡鋪。

為了供人娛樂，夜間渡輪確實開放了一些甲板，但不是你可以站在船頭展開雙臂，聽李奧納多在你耳邊呢喃「好，張開眼睛」的那種甲板。如果你張開眼睛，只會看到一群群老菸槍把菸屁股彈出船外。不過，如果你不愛煙霧瀰漫的甲板，也可以進船艙休息，面對幾十台電視，每一台都轉到希臘連續劇，而且音量大到顯然把大家當成重聽。目前劇情演到一名輪廓分明的希臘商人在大聲訓斥一名哭哭啼啼、黑色睫毛膏細細淌下臉頰的年輕女孩（悲劇或許是希臘人發明的，但自從劇作家索福克里斯讓伊底帕斯娶自己的母親為妻之後，劇情顯然就變不出新花樣）。在指定座位上安頓好之後，我嘆了口氣。看來我在這艘夜間渡輪上進入快速動眼睡眠期的可能性，跟在船首右舷看到可愛海豚的機率差不多。

我跟傑夫都有點醉了。在碼頭上等船時，我們喝了不少啤酒，酒精加上疲憊把這個夜晚變得比實際上有趣多了。傑夫拿出筆記本，在上面整齊畫出一排小框框。「該來幫這個實驗的第一階段評個分了。」

「**現在**？三更半夜耶？」

「就是現在。」他說，換上BBC廣播字正腔圓的聲調。「咳咳，麻煩妳注意聽我接下來的問題。第一題：實驗展開之後，是否添購過任何新東西？」

「應該只有在伊斯坦堡買的涼鞋吧。」

「好滴。上一次洗衣服是什麼時候？」

「昨天，在艾滋吉家。」

「很好。實驗展開之後，總共洗過幾次衣服？」

「一次。」

「目前的身體衛生狀態？」

「有點苔哥，但沒有七月的法國地鐵那麼慘。」

「粉～好。目前總共有過幾次外部清洗？」

「嗯……你是指淋浴嗎？我每天都有，你呢，我就不知道了。」

他聞聞自己的腋下。「是有點苔哥是吧？好，最後一個問題：有沒有什麼是妳現在沒有、但很想擁有的東西？」

「海豚、工業用耳塞，還有幫連續劇上的那個豬頭找個心理治療師。」

「讓我把問題說清楚。」他露出奸笑：「我是指妳需要而不是想要的東西。」

「說實話嗎？現在我只需要一條牙膏。」

還在休士頓詹米家的時候，傑夫堅持我們不該把口袋裡的寶貴空間拿來放牙膏這種多餘的東西。誰家沒有牙膏，他說。牙膏根本就長在樹上，或像薄荷牛奶跟蜂蜜在街上流淌。後來到了穆罕默德在伊斯坦堡的公寓，我們連一條薄荷牙膏也沒看到，但傑夫還是不改立場。艾滋吉的迷幻小窩或許有牙膏，但我們不確定她廁所裡的瓶瓶罐罐哪個才是。因為怕把護足霜擠進嘴巴，我們只好用水刷牙，閉著嘴巴親吻，希望繚繞不去的土耳其烤肉味，不會害我們剛萌芽的愛情畫下一個洋蔥口味的句點。

撇開牙膏事件不談，極簡旅行其實沒有我想像的那麼可怕。只要衣服沒有臭酸味，我幾乎不覺得自己連續好幾天穿同一件衣服。我每天淋浴，腋下聞起來像薰衣草，內衣褲乾淨清爽。總之，我跟傑夫第一次提起「輕便」旅行這個概念時腦中想像的髒兮兮、黏答答、滿身酒臭的流浪漢，相差了十萬八千里。

我一點都不覺得難受，而世界上的東西百百種，我只想要一條旅行用的小牙膏。我甚至沒想要晚上保暖的羊毛衫、Gore-Tex 防風外套、正式的晚宴禮服、登山靴、名牌高跟鞋，或是我每次旅行必帶、但都沒拿出來穿的半打裙子。

這種輕便到幾乎一無所有卻什麼也不缺的狀態，是人生中少有的經驗。儘管住在一間三百八十平方呎的公寓，擁有比歷代祖先都要豐富的物質資源，我對自己的一切感到心滿意足的次數卻少得可憐。欲望是一頭永不滿足的消費怪獸。然而，一開始就拿掉添購東西的可能之後，我只要達到基本需求就滿足得不得了。換句話說，只要有食物及遮風擋雨的地方，還有讓我心跳微微加速的人跟我分享這一切，就夠了。某方面來說，這有點像鍊金術。只要拿掉欲望，紙杯裝的便宜雀巢咖啡、陌生人家裡沙發上的針織毛毯、乾淨的內褲，突然間都成了豐盛無比的小小奇蹟。

・・・

如果說對夜間渡輪的想像破壞了我的旅行原則，那麼把雅典想像成蘇格拉底創建西方哲學基礎那個黃金年代的現代翻版，則是再一次打破了原則。我腦中隱隱浮現滿街的飄逸長袍、有六塊肌的奧林匹克運動員、橄欖枝葉編成的王冠，還有每個轉角都有的大理石圓柱。

雖然我並不真的期望渡輪人員像遞上夏威夷花環一樣遞給我們橄欖王冠，但當我們昏昏沉沉、搖搖晃晃步下斜坡，走進熱鬧擁擠的派瑞斯港的那一刻，我所有的浪漫想像瞬間粉碎。巨型起重機、喀啷喀啷響的鐵鍊、轟轟運轉的渡輪，還有背後灰濛濛的早晨天空，讓眼前的港口看起來格外陰沉。放眼望去，也沒有六塊肌的奧林匹克選手。

根據明信片和觀光手冊（我呢，則是根據古希臘陶器上的繪畫）來想像知名景點，有一個盲點。明信片不會把周遭環境全放進鏡頭，而周圍從風景如畫、陽春克難到無聊透頂都有可能。你也許會從附近的必勝客（底下就是肯德基炸雞）欣賞那震懾人心的吉薩大金字塔；也說不定站在垃圾堆上方眺望泰姬瑪哈陵的象牙弧度《蒙娜麗莎的微笑》不是一幅大如壁畫的鉅作，而是一幅長七十五公分、寬五十三公分的小小肖像畫，興奮圍觀的觀光客永遠不會少於三百人。最具代表性的雅典衛城就位在一座霧霾籠罩的城市中心，到處可見嘈雜灰濛的地鐵站、混亂塗鴉的牆壁，還有市區的通勤人潮。

我們橫越灰濛濛的街道，從港口走到最近的地鐵站，我沒想到自己竟有種暈頭轉向的感覺。一沾棉被就能睡著的傑夫，昨晚即使置身在連續劇轟炸的七重地獄還是睡死了，我可就沒那麼幸運了。

正當我逐漸適應土耳其之際，我們已經踏上希臘的土地。我好不容易破解了龍飛鳳舞的土耳其字母、搞懂怎麼點**三分甜**而不是**正常甜**的咖啡、知道怎麼跟公車司機用土耳其文說謝謝（而不會像小貓嘔出胃中毛球的聲音），心想終於可以喘口氣的時候，我又來到一座全新的都市，面對全新的地鐵系統、全新的語言，還有在我疲憊的眼中不像文字、反而像數學符號的字母，於是這個遊戲得全部重來。這種茫然未知的感覺很累人，但我提醒自己，這不正是我們此行的目的嗎？

還在伊茲密爾的時候，傑夫就找好了雅典的沙發主人。維若妮琪打電話要我們直接上她住的三樓公寓，裡頭陽光充足，還有多餘的房間，擺滿盆栽的陽台甚至可眺望遠方的雅典衛城。維若妮琪三十好幾，憂鬱的深色眼眸跟側編的辮子同樣顏色。她的表情時而溫暖，時而含蓄疏遠，笑的時候，一絲憂鬱跟著笑聲一同滾落。我看得出來傑夫也發現了。

我們往她哈密瓜色的極簡風沙發一躺，她則以小鳥之姿坐進一張椅子。通常雙方會交換一下近況，比方我們至今去過哪些地方、傑夫怎麼會想住進垃圾箱、她喜不喜歡當英文翻譯、希臘經濟危機對她的影響。她拿出freddo（卡布奇諾的遠親，不過是用碎冰和糖攪拌後倒在玻璃杯裡喝）對付我們的黑眼圈。當然還有咖啡因。一杯又一杯濃黑咖啡。

「喝慢點。」她警告我們：「這咖啡很強。」

才輕啜幾口，我就覺得脈搏平常不會動的地方也怦怦跳，指尖、膝蓋，還有耳垂都是。

「我平常禮拜四下午都會去學現代舞。」維若妮琪說：「如果你們不會太累，歡迎你們一起來。」

「我的舞蹈技巧恐怕很難超越華爾滋和東德州兩步舞。」傑夫說：「不過克拉拉會跳那種在地上滾來滾去、假裝自己是蚯蚓、大猩猩或有的沒的現代舞。」

「我不知道耶。」我說，感覺到腳趾開始躁動。「聽起來很好玩，但是坐船把我累壞了。」以前我在奧斯汀的確嘗試過現代舞，但那是在一間倉庫裡，跟著一名DJ和一百多個New Age調調的人亂跳一通。點著精油痛快流汗兩個小時之後，大家就會圍成圈圈，坐在一起做OM之冥想（譯按：指邊冥想邊發出OM音）作為結束。我不懂不同脈輪之間的差別，但我喜歡大家不照舞步一起隨心所欲跳舞時散發的原始奔放能量。再說，對一個連大會操都不太行的人來說，不用照舞步跳簡直是一大福音。

「我的舞跳得很爛。」我明說。

「別這麼說，沒有舞跳得很爛這種事。」維若妮琪邊說邊玩辮子。

我又啜了一口freddo，對她露出躁動不安的微笑。「呃……好吧，沒什麼不行的。」

「太棒了！」她說：「妳會愛上它的。」

舞蹈教室在一棟建築物的樓上，下面可見一片米黃色公寓，我看到遠方有一塊希臘手機的廣告看板。維若妮琪拿給我跳舞穿的彈性長褲和紫色T恤。「我不會跟別人說妳換了衣服。」她笑道。

傑夫不見了。他上來舞蹈教室繞了一圈，就到街上遊蕩去了。維若妮琪帶我走向前，把我介紹給班上同學時，我總算鬆了一口氣。我有預感待會兒我會出洋相，傑夫不在這裡目睹一切讓我放鬆許多。課堂上有六名年輕女性，看起來強壯又有活力，就算一路用腳尖旋轉上衛城也臉不紅氣不喘。老師是瘦削結實的男人，一頭鬈髮，眼睛可以同時掃射不同的方向。他幾乎完全不會說英語，但老神在在，要我別擔心，因為舞蹈是世界通用的語言。

我點點頭表示同意，同時不忘瞄一下教室所有的出口。

一開始沒那麼糟。大家盡情地伸展雙腿，深呼吸，像木頭一樣滾動，熟悉地板的感覺。但是當老師要我們像蹬羚一樣跳來跳去的那一刻，所有微小的存活希望瞬間消失了。幾分鐘後，我很明顯像一隻服了鴉片藥物的樹懶，而不是優雅的蹬羚。老師大聲發出指令，但我不確定他慵懶的眼神是在看我，還是在看在窗邊優雅跳躍的維若妮琪。感覺超恐怖的，**但管它的**，我把自尊心丟在光滑的地板上，繼續喘噓噓地滾動或滑步轉圈。我對舞動的標準離班上其他同學愈來愈遠，也就是說，當大家在教室裡優雅滑移時，我只要不會癱在地上就謝天謝地了。

感覺像是經過了一輩子那麼久，終於下課了。經驗豐富的維若妮琪靠到我身邊，擔心地說：「剛剛只是暖身，現在才要正式開始。」

如果我是卡通人物，下巴應該會像滾落臉頰的斗大淚珠一樣抖個不停。之前喝的Freddo 害我心悸，剛剛把身體折來彎去，讓我認識到以前我從不知道智人身上有的腹部肌肉，而且眼看我非常有可能把咖啡因飲料吐在地板上，我只得輕聲說：「我想我坐在旁邊看就好。」

・・・

維若妮琪要我放心地在一旁休息。後來我們走出教室跟傑夫會合時，她很有耐心地聽我劈哩啪啦難為情地解釋自己怎麼左右不分，碰到空間就沒轍，七年級的方塊舞期末考還因為抱著舞伴的腰不放、亂跳一通而差點搞砸。「別在意。」她仍用淒苦的微笑安慰我。

如果有什麼能安慰我受傷的自尊心，那就是維若妮琪在我們跟傑夫碰面的酒吧點的希臘傳統蘸醬。天色還沒全黑，太陽才剛要西沉。除了我們這桌，鋪了紅格子桌巾的露天座位多半是空的。桌上堆滿了香料羊排，搭配檸檬、黃瓜沙拉、味道強烈的卡拉瑪塔橄欖、葡萄酒，還有足以餵飽一支軍隊的熱騰騰麵包。

大快朵頤之際，維若妮琪為我們勾勒出現代雅典的殘酷面貌。「說了你們可能不信。」她說：「政府不久前才開除所有不具碩士或博士學位的警衛，感覺像一個差勁的玩笑。」

希臘全國上下因為經濟僵局而停擺。實施撙節政策，代表破產、失業和嚴格徵稅會暫時成為常態。維若妮琪還算幸運，有外國的穩定翻譯工作可接，不像年輕人有一半面臨失業，就算想找工作也未必有職缺。大學畢業生不像以前進入人生的下個階段，反而在爸媽家中消沉度日。人生最有生產力的階段卻無限期地陷入停頓，對一個人的精神狀態和銀行戶頭都是嚴重打擊。

那種感覺我懂，至少懂一點。我在「存在焦慮」期間細心呵護的正面思考，在我搬進爸媽位於沃斯堡郊區的磚造住宅，在我兒時的房間拿出行李箱的衣服，放進以前我放閃亮指甲油用具組、如今已斑駁剝落的衣櫃的那一刻消失殆盡。

不是我不知感恩。有家人的支持對我是一大安慰，但同時我也跨過一條清楚的界線，無可奈何地成了「失落的一代」。報章雜誌上的評論常把這個稱號套在一票破產或負債的千禧世代上，這些人睡在爸媽家地下室的帳棚裡；擁有人類學博士學位卻去端咖啡；不時在徵才網站上尋找基層助理工作，還得跟上千名符合資格、磨刀霍霍的人一起競爭。

對我來說，受騙上當的感覺比什麼都強烈。對未來的期望，從樂觀的想像變成一堆無地自容的鉛筆屑。我甚至說不出自己對未來的明確期望，只覺得我應該像一直以來那樣輕易達成目標。就像報章評論說的，我們把一切當作**理所當然**。新罕布夏大學的教授保羅・哈維（Paul Harvey）那篇廣為流傳的文章說，千禧世代「從小所受的教育或許就是太過呵護自尊，以至於他們都自以為特別，卻沒有真正檢驗過這種想法」。

如果我這個世代的八千萬人口真有把一切視為理所當然的毛病，部分原因也是因為我們很傻很天真地相信從出生以來被灌輸的價值觀（**你是獨一無二的！傾聽你內心的聲音！**）。我安慰自己，起碼我營養過剩的自尊心轉往了利他主義的方向。我是一個愛做夢的理想主義者，帶著內建的「救世主情結」來到這世界。大學期間，我修了國際發展學程，天真地想去烽火連天的難民營裡分送愛、和平和瘧疾藥。**我他媽的一定會改變這世界**！後來房市泡沫破滅，而我畢業後唯一找到的工作，就是在珠寶工作室分發高檔鐵鉗給正在尋找新嗜好的有錢退休族。和平和愛缺貨中，我都快自身難保了，更遑論救人了。

雖然我的救世主情結隨著珠寶工作而消逝，但我跟現實之間的關係卻沒有因此而更加穩固。我想像自己拿著火把燒光所有印著「做你所愛的事，愛你所做的事」這句標語的勵志海報。有哪個夢幻星球的人會放棄悲慘的工作，只靠夢想和印在熱帶海灘上的勵志標語維生？去告訴疲憊不堪、沒有保險的沃爾瑪結帳小姐「做你所愛的事」試試看。我想潛進依照Pottery Barn（譯按：美國的高檔家具零售店）樣式布置的陌生人住家，邪惡地把他們牆上貼的「Live, Laugh, Love」海報換成黑人哲學家衛斯特（Cornel West）的人生金句：「我們是一步步邁向死亡的生物，我們是用兩腳站立、有語言能力的動物，在屎尿裡出生，肉體終有一天會變成蟲蛆的美味大餐。」

沒有人告訴我，人生不是直線前進、目標明確、最終會攻頂的過程，反而更像隨風滾動的風滾草，從溪谷懸崖滾落，最後卡在鐵絲牛欄上的機率，跟一路平順滾下小路一樣高。早知如此，我就不會對人生徹底幻滅。我希望自己知道有多少力量非我們所能控制，我們有多常無法得到自己想要的東西（以及有時，當我們得到想要的東西時**會**隨之而來的失望）。我希望我知道凡事不用緊緊抓在手心，應該放開心胸，接受人生中狼狽的或光鮮的各種生命形態，不再把人生經驗當作一個有**固定標準**答案的幾何方程式。媽的，我希望我早點知道，在這個過程中找點樂趣也無妨。

可是沒人告訴我這些。主流文化要我們好好讀書，照著規則（還有你的夢想）走，簽下四萬美金的學貸，然後帶著優異成績和大好前程走進社會。我們背負著眾人的高度期望，所以失望也特別高。

・・・

酒足飯飽之後，維若妮琪說要帶我們走一條風景優美的路回家。我們酒酣耳熱，在人行道上遊蕩，周圍滿是觀光客、出遊的一家人，還有飾品小販。普拉卡老街區高低不平，儼然是圓石階梯、廣場和小巷組成的迷宮。它坐落在帕德嫩神廟所在的崎嶇海角底端，有如映著藍紫色天空的閃亮皇冠，俯瞰著雅典城。維若妮琪說：「這個地方又叫『上帝的鄰居』。」

在寧靜的夜裡，感覺連諸神都甩開疲憊，捨棄了蹬羚的舞步，引誘我們走進雅典的朦朧夢境中。粉紅色的九重葛和葡萄藤彷彿有生命的蕾絲花邊，隨著彎彎曲曲的細緻枝葉攀過觥籌交錯的陽台，跨過賣陶土胸像的飾品店，爬上石灰牆和鮮豔的窗板。過去和現在互相交織。只要是供應橄欖和橄欖葉包飯的現代希臘小餐館，就可看到古老廣場的柱子從一片茂密的草皮中冒出來。便宜的羊肉串燒烤店播放的流行音樂，飄送到開採一半的考古遺跡中。我看看四周，有點期望看到酒神戴奧尼修斯從茴香酒吧裡跑出來，手裡抓著一瓶酒，旁邊圍著一群赤身裸體的享樂主義者。

傑夫伸手攬住我的腰，把我拉向他，彷彿在說：**不覺得很神奇嗎**？

維若妮琪白了我們一眼。「你們兩個太肉麻了。」她說，口氣像在說笑，但又浮現一絲我在她眼中看過的憂鬱。後來回到公寓，當她拿短褲和印著「可口可樂」的T恤借給傑夫時（我們的衣服還在洗），那抹憂鬱神情再度浮現。傑夫套上T恤，像個高中女生咯咯發笑。他的肚臍露了出來，幾乎擠不進那條伸縮短褲。

「我的天啊，我看起來像維尼熊。」他說。

「那是我前男友的。」維若妮琪在廚房裡說：「他個子不高。」

傑夫對我使了個眼色。**前男友的睡衣**？他不斷逼問維若妮琪，忍不住要把拼圖拼湊起來。他們在一起六年，沒什麼太大問題，但就是吹了。「我愛過他。」她站在我們面前嘆道，似乎在自己的客廳裡迷失了方向。她說「**我愛過他**」的口氣，對我有一箭穿心的效果。

儼然是徹底把自己攤開，深情而認命。

我們跟她道了晚安，然後鑽進鋪平的哈密瓜色沙發。傑夫關上燈，馬上打起呼來，但我清醒地躺在沙發上，心想維若妮琪說的話有一天會不會從我口中說出來。我從未有過深深**想念**一個人的感覺。我一向揮揮衣袖、不帶走一片雲彩，即使明知道一段感情不會長久，也會一頭栽進去，反正天涯何處無芳草，不是嗎？

但傑夫讓我不安。在 OkCupid 跟我通信的人那麼多，我真的想跟這個不按牌理出牌的怪咖賴在一起嗎？我對他的感覺，漸漸發展成跟某個十三畫的禁忌字高度相似的東西。我的愛是強大的信念建造而成的，而他接受了我的全部，他人很好，從不拒絕任何人、任何事，甚至會調超殺的瑪格麗特雞尾酒。不過，其他小事也一樣重要。我喜歡他半夜醒來似夢似醒地對著我的耳朵輕聲問：「妳在想什麼？」還有他每次都會把盤裡的最後一口食物留給我，甚至會把回收紙撕成愛心、排在浴室的洗手台上。

他的種種都讓我愈來愈在乎他，但這不表示跟他在一起很安全。愛他本身就是一種風險，想要他留在身邊更是危險。「想要」跟「期望」只有一步之隔，那會導致什麼樣的結果，誰都很清楚。

8 一個痞子，在帕德嫩神廟

鄉村歌曲的民謠吉他聲，把我們從維若妮琪的幽暗客廳裡吵醒。天還沒亮。昨晚傑夫把〈潘丘和左撇子〉（Pancho and Lefty，譯按：經典鄉村歌曲，原創者爲Townes Van Zandt，後經多人翻唱）這首歌設定成鬧鐘鈴聲，那是我喜歡的新浪潮鄉村歌曲，但凌晨五點就不必了。

我拿枕頭蒙住頭，從枕頭底下哀怨地說：「這麼早把我挖起來，是因為我前世殺了一群流浪貓嗎？」

「相信我。」傑夫說，他已經走到陽台收我們晾在曬衣架上的乾淨衣服。「體驗**原汁原味**的雅典衛城或任何觀光勝地的唯一方式，就是在太陽升起之前趕到現場。一旦遊輪靠岸，三千名觀光客急著要把多利克柱的照片貼到Instagram的時候，感覺就不一樣了。」

「你知道帕德嫩神廟到處都是大型吊車吧？你不擔心那些鷹架會破壞你的純淨體驗

嗎？」

「拜託，我保證一定值回票價。」他興奮地把一堆溼衣服丟在我的被子上。「抱歉，還是溼的，不過我相信等我們搶先攻到衛城頂端時，衣服肯定乾了。」

「我記得在哪裡看過，『衛城』的意思就是『最高的城市』。好玩的是，在古希臘也可以翻譯成『我絕對不可能在日出之前跑上五百呎高的石頭山』。」

他絲毫不受動搖。「好吧，那我在最上面等妳。」

衛城的售票亭準時在日光轉成濛濛金灰色的時刻開張。周圍一片靜謐，幾名管理員正在檢查垃圾桶、往販賣機裡填充礦泉水。售票員睡眼惺忪地把票拿給我們，然後指指入口，已經有幾隻早鳥提早來等開門。傑夫像要參加鐵人三項似的伸伸腿，等到大門終於打開的那一刻，他從滿臉驚訝的一家美國人面前一溜煙衝過去，跑上小徑，一團模糊的紅色身影消失在橄欖樹叢間。

我跟在後面，堅持不用超過快走的速度爬上這座石頭峭壁。後來發現也沒差，因為我們在同一時間走到通往山門的宏偉柱廊的階梯。爬上六千年來被無數涼鞋磨光的石灰岩陡峭小徑，比我們想像的更需要技巧。

古希臘人對建造入口很有一套。巨大的石階步步通往宏偉的石牆和林立的參天圓柱，柱子厚實無比，連影子都彷彿有重量。爬階的過程也讓遊客在實際通過山門、走進衛城之前，有充分的時間思索自身的渺小。

衛城本身也一樣令人讚嘆。一座座神廟從灰撲撲的大理石高原之中拔地而起，但所有人都是為了帕德嫩神廟而來。即使帕德嫩神廟本身像個空殼，巨大的多利克柱殘骸四周圍著鷹架，它仍舊是衛城最大的亮點。雅典城從四面八方包圍這塊突出的海角，浮在海上的屋頂在薄紗似的晨光中閃閃發亮。

為了抵擋地震，帕德嫩神廟的凹槽柱都有點內彎，如果一直延伸上去，最後就會在空中相交。這是希臘人的先見之明（這座神殿才花九年就建造完成），也是建築史上的偉大成就，而此刻它只屬於我們倆。傑夫站在從帕德嫩圓柱灑下的耀眼三角形陽光中，得意得快要飛上天。「很值得吧？」我點點頭，但還不想承認眼前的景象確實壯觀，而且有短短幾分鐘的時間整個衛城為我們獨享的事實。

「實在是不可思議。」我說：「真難相信才兩個禮拜，我們就從 OkCupid 提升到柏拉圖。」

「我可是有花錢升級白金會員的！」他說，挽著我的手。

我們並肩站在帕德嫩神廟的前廊，讚嘆地抬頭打量愛奧尼亞柱的中楣，把所有疑問（我們在哪裡？怎麼會來到這裡？最後又會走到哪裡？）暫時擱到一旁。

不過，這一刻跟所有時刻一樣，沒有持續太久。陽光打在我們翹首遠望的臉上，傑夫低頭滑手機玩拍照。想來還滿驚人的，讚嘆的時刻轉眼即逝。精雕細琢的中楣只能短時間凌駕現下的需求（咕嚕咕嚕叫的肚子、腳後跟的水泡、想去買帕德嫩雪景球的渴望，終究會勝出）。

「真有趣。」我笑著說：「前一秒你還在想：**天啊，我可以盯著這片大理石看一輩子也不厭倦**；下一秒卻在想：**欸，去買個熱狗吃好像不錯**。」

「有這種感覺的，看來不只我們兩個。」傑夫說。

涼爽的清晨很快轉成炎熱的夏天。白花花的大理石台地把熱氣折射到一群群帶著枴杖、水壺和沉重單眼相機，氣喘噓噓走進山門的觀光客。短短的自助導覽結束後，我跟傑夫坐在樹下的長椅上（周圍的樹木屈指可數）。他把口袋裡還沒乾的紅色內褲拿出來曬，我們開始第二回合的自娛時間。

「站在西方哲學誕生之地，卻只顧著拍小貓、鴿子或松鼠的人得一分。」我說。

「已經有五分了。」傑夫說。

「不管蘇格拉底問答法是什麼鬼，寧可去玩沙子的小孩得兩分。」

「趁老婆不注意、偷瞄俄羅斯熱褲美眉的壞脾氣老爸得五分。」他說。

「把帕德嫩神廟跟萬神殿搞混的人得兩分。」

「嘟嘴自拍的人得四分，用自拍棒再加一分。」

「從頭到尾只從手機螢幕欣賞衛城的人得一分。」

等我們兩個都累積到二十分，傑夫便走去到處亂晃。我看見他消失在人群裡，後口袋還夾著溼溼的內褲。我一個人懶懶地坐在原位不動，眼睛半閉，雙腿烤著暖烘烘的陽光，這樣就覺得很滿足。但這種幸福的感覺只維持了一下下。還不到十分鐘，我心裡的警鈴就把我震醒。我環顧人群，發現傑夫的牛仔帽飄到大約十五呎以外，離地面很近。只見他蹲在一片大理石板後面，不知道在帕德嫩神廟前面搞什麼飛機。肯定沒好事。我從椅子上跳起來，立馬走向牛仔帽的方向，發現他在低矮的鐵絲網前嘻皮笑臉又緊張兮兮。我一看，下巴差點掉下來。他竟然把鐵絲扳成臨時的曬衣繩，此刻他那件櫻桃紅內褲就大剌剌地晾在帕德嫩神廟的宏偉入口前。

「你在搞什麼**鬼**？」我驚呆了。

「妳來得正好。」他說，假裝沒發現我有多震驚。「可以拍我在帕德嫩神廟前面曬內褲的照片嗎？我們得動作快，到處都有警衛。」

「天啊，你好無恥。」我咬著牙說。

「這就是妳喜歡我的原因。快幫我拍，這個有一百分。」他把 iPhone 塞進我手裡。

我勉為其難答應了他，免得引起騷動，無奈我動作不夠快。

「喂！別亂來！」有名警衛從附近的一堆石柱對我們揮舞他的雙向無線電。他氣急敗壞地朝我們走來，臉比傑夫的內褲還紅。

「你等著付保釋金吧。」我說。

「衣服曬好了，該閃了。」傑夫說，雖然緊張不已卻還是嘻皮笑臉。他一把扯下內褲，抓起我的手拉我跑進一群法國老太太中。

「各位夫人失禮啦！聯邦警察緊追在後，潘丘和左撇子要溜啦！」

・・・

「越界和無恥之間的界線在哪裡？」我邊問邊走回瀑布般綿延而下的山門階梯。

「終於還是覺得我玩得太過火了嗎，寶貝？」他笑著說。

「別鬧了，我是認真的。」

他的微笑瓦數瞬間減弱，換成一臉正色。他發現我被惹毛了。「好吧。我偶爾會比較誇張沒錯，但大家不知道，其實我都會評估風險，重要的事也會考慮到，而且從來沒有故意對任何人造成傷害。**一次也沒有**。」

「是沒錯。」我說：「你從無惡意，也不會騙人，可是你**明知道**自己越了界。」

「嚴格來說，我是把東西**掛**在線上。」他後悔地說：「但我可能太得意忘形了。」

「天啊，你真的是戴奧吉尼斯轉世。」我說：「我可以想像他在帕德嫩神廟前曬內褲，跟你**一樣**嘻皮笑臉。」

他抱歉地對我笑了笑。「我喜歡漂亮女生拿我跟一個在公共場所大便的古人相提並論。」

我白他一眼。不管怎麼說，他跟戴奧吉尼斯確實有些共同點。犬儒學派的戴奧吉尼斯本身就是個叛逆的哲學家，西元前四世紀時，他大概也曾為了逃避當局的追捕，倉皇跑出衛城。他因為在大眾面前做出古怪（甚至猥褻）的驚人之舉而聲名大噪，這些舉動都是為了批判當時的社會教條。戴奧吉尼斯主張用具體行動取代知識理論。他住在雅典市場的一個陶土缸裡，鼓吹簡單的生活方式。他在大白天提著燈籠到處問，哪裡找得到正直的人。

他在敵人身上撒尿，在公眾場合手淫，當然還有在劇場大便，以行動表達他不屬於國家或社會。連他的死都像個令人噴飯的笑話。沒人知道他到底是怎麼死的，從憋氣致死到被章魚毒死等各種傳言都有。

從各方面來看，傑夫比戴奧吉尼斯乾淨可愛多了。他從來沒對難搞的同事撒尿——不管對方有無終身職。另外，他放棄了大半的世俗財富，住進一個二手垃圾箱，而且特別喜歡在公眾場合引起騷動，也跟戴奧吉尼斯一樣生來就是為了挑戰體制。

傑夫喜歡挑戰體制不是因為別有居心。不是為錢或名所誘（但不得不說，有也無妨），如果真要說有什麼目的，他純粹是為了在循規蹈矩的泥淖裡開闢出一個特別的實驗空間。他衝撞體制不是為了反叛洩憤，只因他認為在公開而流動的環境裡，最可能發生驚人的改變。他就像用床單蓋堡壘的小男孩，一心只想在平凡世界中創造出神奇世界。製造有趣的混亂是唯一能吸引他的事。他在我的想像中，就像撲克牌裡的鬼牌——那個擠眉弄眼的小丑，那張可以插進任何角色或牌組的萬用牌，也是可以瞬間反敗為勝的王牌。在某些遊戲裡，鬼牌是人人想要的牌，在其他遊戲中卻又是大家最怕抽到的牌。

・・・

如果傑夫是小丑，我就是不起眼的壁花，大概就像黑桃八吧。我雖然也很叛逆，但絕對不會被人逮到在帕德嫩神殿曬內褲，我的反抗都是偷偷在陰影下進行。累積了多年對宗教的懷疑之後，一完成自學課程，我馬上發起反福音教派教條的寧靜革命。我拆解了尼西亞會議（譯按：指在小亞細亞的尼西亞城舉辦的基督教大公會議）以降的基督教歷史，然後提出〈論宗教之界線：或者我為什麼不再是基督徒〉的慷慨宣言，撇清自己跟宗教的關係。但我沒把這份宣言拿給別人看，而是開始接觸其他禁書，例如達爾文的《物種源始》和羅琳的《哈利波特》（歸於巫術類的禁書）。

上社區大學的第一年，我拿著一把勞作剪刀走進爸媽房間的浴室，剪掉我從高中開始留的一頭金色長髮。雖是亂剪一通，但每喀嚓一聲，我心裡就湧起一股滿足感。一頭短髮就是我大膽闖入婚前性行為這個禁區的戰袍。不該說的髒話（**幹**、**靠**、**屁**）從我嘴巴說出來時，我會用手指去感覺那短促的絲絨觸感。當社會學教授問在座有誰自認是女性主義者，只有我和另一位同學勇敢地舉起手。

我跟傑夫各有不同的叛逆方式，但當我們在一起的時候，我這個躲躲藏藏的壁花小姐卻一頭栽進我們（六天**就**創造出）的實驗世界而不可自拔。那種感覺很超現實。認識幾個禮拜後，我躺在床上對他說：「跟你在一起，我第一次覺得走進了自己的夢裡。」從我們在OkCupid上認識，到飛往伊斯坦堡這短短的幾個禮拜，我重新趨於穩定的生活被捲進狂烈的颶風中，讓我幾乎喘不過氣。但盯著房間天花板發呆兩年之後，我恨不得被捲進去。我渴望他帶來的混亂，甚至想在狂風暴雨中受洗。

我喜歡他永遠坐不住的樣子。喜歡他開車在德州的巷子裡奔馳，大聲放送梅爾・哈賈德的鄉村歌曲，任由頭髮拍打我的眼睛。喜歡這五個禮拜以來我看過的孤星之州（譯按：指德州，德州州徽就是一顆孤星）比這十二年加起來還多。喜歡他把我的小小水泥門廊改造成瑪格麗特酒吧，還去邀每個鄰居來喝一杯（其中大部分我從沒見過）。我喜歡他不斷召喚來的可能性給人的暈眩感。任何事都可能在任何時刻發生。任何地方都可以變成冒險的入口，不管是加油站、藥妝店，或是地板黏答答的廉價酒吧。

有個週末，他心血來潮邀我去他**那裡**過夜，也就是他非法侵占、兼當住家的德州大學布朗斯維爾校區的辦公室。開車到那裡要五個小時，但是在德州，五個小時的車程不過就是跑到隔壁小鎮而已。我們從奧斯汀南下，在甘蔗園和格蘭河谷水氣氤氳的三角洲間悠遊穿梭。

格蘭河谷的魔力很難用言語形容，這塊土地不太像德州也不太像墨西哥，卻橫亙在兩地之間。在途中，我想像布朗斯維爾應該地如其名（Brownsville，譯按：直譯爲褐色地帶），多半是個天氣酷熱、漫天灰塵的邊境小鎮，就像艾爾帕索或拉雷多，沒想到卻出乎意料地綠意盎然。眼前是一片溫暖的亞熱帶夢土，成排的棕櫚樹，沼澤滿是蒼鷺巢。

我們把車開進校園，停在空蕩蕩的學生停車場，離墨西哥邊境只有一箭之遙，這時一群群綠色鸚鵡從我們頭上飛過去。「緊緊跟著我。」傑夫說，把手放在我的腰上。「我們得很小心才行。」校門已經關上。當我跟著他繞路避開各個角落安裝的監視器時，心中有種青少年的興奮激動。我們正在做違反規定的事，而且隨時可能被抓。

傑夫把我從空無一人的科學系所走廊推進他的辦公室時，我說：「這裡的布置我很喜歡。」四面牆壁漆成血紅色，讓這房間有種鴉片館的調調，裝飾則是走極簡風。他自殺身亡的高祖父的巨大畫像，從牆上俯視底下的不鏽鋼辦公桌、辦公椅、遮光窗簾，還有原本屬於他母親的波斯大地毯。就這樣。

「妳喜歡？」他開玩笑地說：「下個月的《Dwell》（譯按：美國的家居布置雜誌）封面就是它。」

我跟很多書呆子女大學生一樣，大學時代暗戀過不少教授，但最多就是在作業上大發議論，或到辦公室找老師假裝討論凱因斯經濟學。我腦中所有「引誘教授」的幻想都僅止於幻想，但此刻置身在上了鎖的辦公室裡，旁邊就是一位貨真價實的教授，難得有機會（**勉**

強算是）讓我實現學生時期的幻想。

「跟我的小小朋友說聲『嗨』。」傑夫指著一身蕾絲受洗服的高祖父說。「我想他喜歡妳。」他從回收桶後面變出一個黑色睡袋，鋪在波斯地毯上，並向我點頭示意：**給小姐睡的床**。至於他自己，只見他拉出一條哈薩克毛氈地毯，擺在我的睡袋旁邊。為了再添一點浪漫，他拿出他辦公室的唯一一本書：榮格的神祕主義藝術選集《紅書》，然後翻到一張畫。畫中是一隻受傷的蛇，血從牠被切斷的足部噴湧而出。他把畫放在鱒魚圖案的睡袋專用枕後面的地毯上。「妳不會相信把這個放在頭旁邊會做什麼樣的夢。」

接著，他把我抱到冷冰冰的不鏽鋼辦公桌上，開始一路吻下我的脖子。「看來我的桌子高度剛好適合妳。」他貼在我耳邊說，暗示我可以解開襯衫的鈕釦，暫時忘了受傷的蛇和睡袋的事。現實頭一次跟上我的幻想。在辦公室做愛超刺激，既淫亂又色情，更何況他的祖先還在牆上盯著我們看，感覺滿變態的。而且警衛隨時會發現，增添了整件事的危險程度。這正合傑夫的胃口，他喜歡帶點風險的親密行為。

一個禮拜前，他大白天帶我溜進某個佛洛伊德學派心理醫生的辦公室。那天我們去找他高中時期的朋友，來到一棟整修成多間辦公室的老房子，心理醫生的辦公室剛好在隔壁，但她去吃午餐了。傑夫試了試門把，發現門沒鎖，就把我拉進維多利亞風格的辦公室。

我們坐在高級的躺椅上，手指觸摸著座墊。

「告訴我你母親的事。」我說。

「告訴我妳為什麼還穿著牛仔褲。」他說，手慢慢從我的大腿移往拉鍊上的銅釦。

「別鬧了，我們不能在佛洛伊德躺椅上做愛。」

「為什麼不行？佛洛伊德什麼都要扯到性，我想他一定會祝福我們。」

「如果心理醫師剛好回來，發現我們在她的沙發上亂來怎麼辦？」

「那我會問她能不能先幫我保留名額，佛洛伊德知道我用得上。」

對一個曾經很純潔、從小自學的基督教女孩來說，在佛洛伊德式的躺椅上做愛有種奇特的解放感。但這比不上傑夫把車停在科珀斯克里斯蒂和聖安東尼奧之間的三十七號州際公路入口附近那一晚。那天晚上，周圍只停了一輛貨車，放眼望去一片死寂，廣播裡傳來威倫・傑寧斯那首〈我一直都很瘋〉（I've Always Been Crazy）。

「我馬上回來。」他只丟下這句話就下了車，踏進貨車和我們的車之間的茂密紫色草叢中。看見他爬進沒上鎖的貨車，我當場愣住。他跟我一樣清楚，這是誰都可能隨身攜帶獵槍的地方。在德州入侵他人的領地，可能會讓你腦袋開花或滿臉鉛彈。我屏住呼吸，等著車裡爆出一串咒罵或劈哩啪啦的子彈聲。

感覺過了好久，我甚至抱著他早被貨車司機扭斷脖子的打算，這時卻看見貨車裡有隻手對我揚起。他要我過去。每往前走一步，我的靴子就沙沙翻起強烈的青草味。周圍一片荒涼，除了模糊銀河下的蟋蟀和汽車，其他什麼都沒有。死在這裡也不算太慘。就在我走近貨車前輪時，有隻手伸出來把我拉進去。這輛貨車比我想像的還要大。雖然很暗，但我看見座椅上有條裂縫，黃色泡棉從裡頭露出來，地上散落著空瓶罐，空氣中有股霉味，就像一個孤單太久的男人。我還來不及注意到其他地方，傑夫的嘴就狂野地親過來。

「我很緊張，很難有感覺。」我在接吻的空隙說：「你怎麼知道司機不在附近？」

「別擔心。」他輕鬆地說：「我很確定司機跑了，這裡只有我們兩個人……還有整條公路。」他的手在摸索我的腰帶，但當他發現我全身僵硬時便停住。他鬆開手，在南下車輛的微弱車燈下打量我。「嘿，」他輕聲說：「跟我在一起妳很安全。」

短短一句「**跟我在一起妳很安全**」，和他發自內心的口氣，就像抽象畫裡的一個模糊人影，給了整個畫面一個小小的座標。亡命之徒暫時放下手中的槍，別管「安全」本身跟人生這個廣大無邊遊樂場的其他事物一樣定義不明。但這句話就足以說服我把自己交給當下，不去管這輛黑漆漆的貨車、隨風搖曳的紫色雜草，還有跟空塑膠瓶和洋芋片包裝一起散落在地上的褲子。我向歡愉屈服。感覺上就該這麼做。

9 認識你自己

「麻還你指一下艾灰爾鐵塔的荒向好嗎？」傑夫一臉正經地用南方大老粗的口氣問，好像嘴角塞了一團菸草。沒等對方回答，他就把揉成一團的雅典地圖攤在租車櫃台上。「偶們已經企過衛城，口素到哪都看不到那個該死的鐵塔！」

中年租車員一臉困惑。他清清喉嚨，拉拉夾克，兩眼直視著他的電腦螢幕。「先生，我必須很遺憾地告訴您，艾菲爾鐵塔位在……巴黎，離這裡有兩千九百五十三公里遠，或許您可以把租車期限拉長？」

「我哩勒。」傑夫說：「偶敢打賭它就在戶近。」他看著我問：「達零，偶們如果下次再企義大利，妳會不會桑心？」

我翻了翻白眼：「我沒關係，哈尼。」傑夫很愛演地理知識低落的美國人，但我好累，沒心情陪他玩。

租車員用夾克袖子掩面，遮住吃驚的笑容，假裝在咳嗽。「不好意思，那麼，先生，請跟我來。」他帶我們走出有冷氣的辦公室，站到傍晚的熱氣下，然後把深灰色雪鐵龍掀背車的鑰匙交給傑夫。**祝您旅途愉快，先生**。

傑夫輕點一下牛仔帽，我則坐進副駕駛座，把安全帶拉過胸前緊緊繫好。「我也可以怪你跟陌生人鬼扯淡，但反正一出停車場就要加入混亂的車陣，所以又何必呢？」

雅典交通是出了名的糟糕。車道只是裝飾；號誌常常模糊不清（如果有的話）；駕駛人似乎都以為自己在重演《玩命關頭》（*The Fast and the Furious*）的飆車片段。

這些傑夫都知道，但他還是執意要開車。「別擔心，寶貝，一定會很好玩的。」引擎發動時，他眼神一亮，隨即利落打下倒車檔，三兩下就把車退到壅塞的六線道路邊。

我緊抓著地圖，指關節用力到發白。「我沒別的意思，但你真的清楚自己在幹嘛嗎？」

「達令，我想我們很快就會知道了。」他說：「好，哪條路可以去德爾菲？」

・・・

位在愛琴海岸的德爾菲遺跡，是遠古的德爾菲先知居住的地方。傑夫剛開始跟我在OkCupid 上通信時，就跟我提過這位先知。她是神祕的女先知，神聖的預言對古希臘影響甚鉅。研究過她的歷史之後，我被她代表的原型深深吸引。女先知居住的德爾菲是一座山城，古希臘人視之為宇宙中心。傑夫也有同感。我們雖然不能違反此行的原則，事先**計畫**到雅典郊外一遊，但衛城內褲事件給了我們一個好理由，花錢租車溜出城外過一夜。

我不記得我們是怎麼離開雅典市中心的。傑夫一把車開出租車行的停車場，加入混亂的車潮，我馬上舉手遮住眼睛。閉上眼睛是一種預防措施，這樣就可以擋掉一些可能害人分心的破口大罵。傑夫在車陣中穿梭的技術一流，但即使知道這一點，每當有摩托車從一排動彈不得的車龍中鑽過去，或是有計程車像在玩碰碰車一樣緊貼我們的車牌時，我還是會心跳加速（**媽啊！天啊！啊！**）。

傑夫不知道我大學出過一場嚴重車禍。那都是我的錯，因為蔓越莓汁、白色裙子，還有短短兩秒鐘的分心。我低頭看腿上的紅色污漬，再次抬起頭時，車子已經從交流道斜坡飛出去，在半空中滾了三圈，最後車輪朝天摔在地上。我整個人上下顛倒，卡在一輛全毀的小休旅車內，全身是血紅色的蔓越莓汁。這件事讓我充分體認到，坐在一個由可燃液體驅動的巨大鋼殼裡從A點移動到B點，本質上是一件多麼瘋狂的事。

幾年後，汽車有時仍會引發我不知該逃還是該抵抗的內心掙扎。我的手會急急抓住車門門把，腳猛踩不存在的煞車，像屠宰場垂死的羔羊一樣哀叫。當年，我開著道奇家庭小貨車，由我媽充當駕訓班教練教我開車時，她也是一樣的反應。

傑夫在車陣裡鑽來鑽去，歐斯底里的感覺綁住我的胸口。「天啊，傑夫，我快變成我媽了。我知道人難免會愈來愈像自己的父母，可是我爸媽很酷，而我正看著這件事在眼前發生。其實也不能說在我的『眼前』發生，因為我一直閉著眼睛。總之，我先是猛踩不存在的煞車，接下來呢？挑選人壽保險？生五個小孩？現在請保母到底要多少錢？

「**什麼跟什麼啊**！妳在胡說什麼？」他的聲音很緊張。「可以張開眼睛看看地圖嗎？我沒辦法一邊開車，一邊翻譯公路號誌。」

「可是我一張開眼睛就會尖叫。」

「好吧……」他說，努力思考。「那就不要看窗戶外面，看地圖就行了。有沒有看到一條北向公路通往一個字母裡有Θ的城市，再來是……λ，長得像上下顛倒的鎖骨——」

我打斷他，每說一個字聲音就高一度。「我看不懂希臘字母。大學我又沒主修物理，姐妹會也不收我這種怪咖，我甚至連該死的直髮器都沒有！」

「**我的天啊**。拜託妳看看窗外，認一下路牌，忍住不要尖叫。我一直覺得我差點要撞到行人，結果只是有個傢伙打了左邊方向燈。」

「好好好，對不起。」我努力克制自己：「我也不喜歡自己這樣發神經，可是有時候我就是會……**很焦慮**，然後開始嘮叨人生終點、隱形煞車的事。你是不是很想把我丟在路邊？」

「門兒都沒有。」他喃喃地說：「我說過，妳做什麼都嚇不跑我，我是說真的。再說，妳發瘋的樣子比ＨＢＯ電影還精彩。」

・・・

儘管我焦慮發作，我們最後還是活著逃出了雅典城。在玉米田和空蕩蕩的海岸山丘繞了好一陣子，傑夫終於在科林斯灣的一個小海港停下車。這個叫伊泰亞的慵懶小鎮，天黑之後就靜悄悄（還是不管什麼時候都這麼安靜？）。我們把車停在唯一有生命跡象的地方前面。那是一間小小的便利商店，店裡排放常見的盥洗用品和巧克力威化餅，另外還有一個賣義大利香腸、起司和罐裝橄欖的熟食櫃。一名高頭大馬、眼球突出的紅臉男人，半睡半醒地坐在收銀台前。我不想吵他，所以由傑夫出馬。

他走向櫃台，用一半破英文加上一半卓別林默劇，向他說明我們需要過夜的地方。紅臉男子只說了一個字（可能表示「等等」，也可能表示「跳舞的笨蛋」），就拿起電話。

他的手指大得出奇，很像熟食櫃裡的香腸。

我們呆立在門口，提心吊膽等著看會出現何方神聖。沒多久，鮑伯就來了，他是一個身材高大、頭髮灰白的荷蘭人。他說他有一間出租房，就在街道對面。那個房間很陽春，裡頭的海灘風家具早已褪色，看起來很像越戰期間的拍賣品。毛巾又薄又破，牆上有點點灰漬，我上前一看才發現是蚊子。唯一的安慰是爬滿葡萄藤、倚在海邊的翠綠陽台。而且全部費用加起來，比廉價的連鎖摩鐵還要便宜。

「雖然不是希爾頓大飯店，」傑夫揚起一邊的眉毛對我說：「但有自它的魅力。」

「可是，租房子不會違背我們的實驗精神嗎？」我滿懷希望地問。睡了一個多禮拜陌生人家的客廳之後，我很想有自己的房間。我很樂意跟一大群蚊子分享鮑伯的房間，只要這表示，我有一個晚上不用再因為跟人共用廁所必須展開禮貌的對話。

傑夫想了想。「妳想這樣算作弊嗎？我們把車子停在五呎之外，而且完全不知道這是什麼地方，也算某種意外的收穫。」

「完全正確。」我附和：「而且房裡還有肥皂。」

我們給了鮑伯一些現金。他前腳一走，我們馬上做起獨處時才能做的事：把衣服脫光光，內衣褲、胸罩、襪子直接丟進浴室的洗手台，跟鮑伯附贈、薄如威化餅的肥皂一起泡在水裡。然後把蜘蛛網般的灰色床單扯下來包住身體，充當蚊帳。接著，我們走上陽台，像兩縷蒼白的幽魂靜靜坐著，喝超商買的便宜啤酒、數著聽得見卻看不見的浪花。

傑夫看著我。「嘿，」他輕聲說：「我不知道這趟旅行最後會怎麼樣，但我很高興妳在這裡。我自己一個人來，比不上跟妳一起來。妳看得見我看不見的東西。」

「從一人帳棚先生口中聽到這些話，意義很重大。」我說。

「嗯。」他說，拿起啤酒罐跟我乾杯。「大概是吧。」

・・・

到了早上，一切便改觀了。打從希臘失眠渡輪之旅以來，我第一次睡飽，但傑夫的臉很臭。我睡過頭了，還不是只有一點點。我們鑽出鮑伯的蚊子洞，前往帕納索斯山坡上的德爾菲時，都已經日正當中。傑夫原本打算重演「日出訪古蹟」的大戲。所有他想在第一道曙光下欣賞的著名地標中，德爾菲是他心目中的第一順位，現在這個機會卻飛了。

我表達沮喪的方式是突然語無倫次、喋喋不休，傑夫卻是默默不語，逼著我從其他小地方解讀他的不爽，例如大力摔上鮑伯附送的咖啡壺、鏗鏘有力的步伐，還有惜字如金的說話方式（**沒**。**嗯**。**走吧**）。

整體翻譯下來，他的嗯嗯啊啊和劈劈啪啪要表達的重點應該是：我拖慢了他的速度。他獨自旅行時，**從來沒有**睡過頭。要不是我貪睡，他現在早已坐在德爾菲遺跡裡，看著晨曦掃過這片神聖的古蹟（這也帶出一個問題：如果他錯過了日出，那麼在這之外，他還錯過了什麼？）。他擔心帶我一起來，會逼得他改變自己的旅行方式嗎？他害怕一次妥協就很容易再次妥協嗎？害怕到頭來，我可能會逼得他拖著四個塞滿滿的行李箱、預訂倫敦五星級飯店，外加在旅行結束前送上蒂芙尼訂婚鑽戒嗎？

對著刮痕斑斑的浴室鏡子刷牙時，我突然有點愧疚，但很快就被憤怒取代。就算預訂豪華飯店也不一定就是妥協啊！我大力刷完牙，便氣呼呼地從浴室跑向小廚房，傑夫正悶著頭靠在桌上滑手機。「你聽好，」我吼道：「如果你希望什麼事都跟你獨自旅行一樣……那你就應該**獨自**旅行！」

他豎起眉毛，沒說話。我們的「隨心所欲」原則開始出現裂縫。我想睡到自然醒，他想天亮就起床。兩個人都沒錯，卻沒辦法兩樣都做到。所以怎麼辦？即使我們懷抱波希米亞的理想，還是得跟其他人一樣學習妥協的方法。

我們開上蜿蜒的山路，一路上很安靜，而且不是舒服自在的那種安靜。我所有的示好只換來一句悶悶不樂的「我沒事」，但他明顯還在嘔氣。在傑夫的認知裡，德爾菲這時候應該已經人滿為患，魔法盡失。結果我們根本白擔心了。七月的太陽把帕納索斯山烤得熱烘烘，德爾菲的停車場幾乎全空，似乎沒有人不辭辛勞地爬上山丘小徑，前往阿波羅神廟的遺跡參拜。

我跟傑夫一走進旅客中心就各自分開。他往博物館前進，我把面紗般的圍巾披在頭上，獨自爬上山丘。儘管陽光猛烈，這地方卻有一股連我們之間的尷尬冷戰都無法掩去的神聖氣息。我們之所以特地繞路，都是為了一睹阿波羅神廟。有長達一千年的時間，傳說中的德爾菲先知在此地陷入瘋狂的狀態，說出神聖的預言。

對古希臘人來說，地處窮鄉僻壤、由峭壁圍繞的德爾菲就是世界的中心。世界中心不在帕德嫩神廟，而是在偏遠的山脊上，底下就是散落松樹和細長山毛櫸的空曠山谷，想來自有一番道理。根據希臘傳說，宙斯把兩隻老鷹放到天空中，一隻往東飛，一隻往西飛，兩鷹最後在帕納索斯山上的德爾菲上空交會，於是宙斯當場宣布，這片偏僻山林、這個放牧山羊的山中村落為世界的中心。

德爾菲後來確實成為古希臘世界最神聖的地方。有將近一千年的時間，政治統治者、軍事指揮官和哲學家遠道來此朝聖，向擁有神祕智慧的德爾菲先知請益。歷史學家修昔提底斯曾一針見血地形容這個男尊女卑的年代：「女人最大的榮耀就是盡量不要被男人提起，無論是褒是貶。」德爾菲先知卻是一個權威十足的強大女性象徵。

而且德爾菲先知不只是單單一位女性，而是很多個。上事的先知死後，就會從鄰近村落挑選下一位女祭司，通常是年紀較大、家累較少的正派女性。一旦接受女祭司的職位，她就要離群索居，放棄過去的身分責任，專心扮演女先知的角色。有人向她請益時，她會跑到阿波羅神廟底下，坐在立於地面凹洞上的三腳台。從凹洞冉冉往上飄的煙霧，會使她跟預言之神阿波羅合為一體。跟神結為一體感覺很肉欲，充滿醉人狂喜、汗溼的胸膛，還有神啟般的幻影。

如果戴奧吉尼斯是傑夫的守護神，那麼德爾菲先知就是找的守護神（據傳戴奧吉尼斯找過德爾菲先知，先知建議他「破壞通貨」〔deface the currency〕。德爾菲先知是個平凡的女人，卻住在偏遠的山壁上，藉由地底深處的裂縫進入亢奮狀態，成為神與人之間的橋梁。你怎麼能不愛她呢？

我盤腿坐在阿波羅神廟附近的一棵橄欖樹下。阿波羅神廟如今只剩下一片巨大的石板，還有幾根參差不齊的柱子。一群美國高中生也開始聚集在我坐的橄欖樹蔭下，多半一副不感興趣的酷酷表情。他們的導遊是個四十歲上下、氣質高貴的美國女人，從頭到腳一身白色亞麻。

「我們現在就站在阿波羅神廟旁，德爾菲的女先知以前就是在這裡進入狂喜狀態。」她說，把聲音投向一張張無精打采的臉。「這裡大多數的柱子都不見了，但我們還是可以想像以前這座神廟有多麼壯觀。我們也應該想想當初刻在門上的那句名言：gnothi seauton，意思是『認識自己』。每個來向先知請益的人，都會從這句話底下走過去，這就是先知提醒朝聖者的方式。換句話說，如果你還不瞭解自己，即使是最神聖的預言，對你也毫無用處。」

• • •

認識自己。有時我會想，我這兩年來的精神大冒險，是否每分每秒都可以歸結於這句話。所有的瘋狂失序、無謂的掙扎和失敗的嘗試，一切的一切都只是為了在照鏡子的時候看清裡頭的那人到底是誰。

奧斯汀是我失敗的嘗試之一，至少當時我是這麼想的。在沃斯堡的爸媽家昏昏沉沉、無所事事六個月之後，我搬去南部開車三小時才會到的地方，跟分分合合的男友住在一起，當時他在德州大學奧斯汀分校讀書。新年剛過的某個寒冷一月早晨，我跟爸媽擁抱道別。離家應該是往復元之路邁進的一大步，我卻在沃斯堡和奧斯汀之間的三十五號州際公路上哭個不停。想到從今以後只有我一個人了，我覺得很害怕。

在媽媽的耐心支持和每週一次的心理治療下，我的病情從夏天以來漸趨穩定。即使身體不想要食物，我也可以強迫自己吃東西（雖然吃的東西多半侷限於花生果醬三明治、馬鈴薯泥和蛋白奶昔）。我可以走進雜貨店、銀行、加油站這類公共場所，也不會有明顯的焦慮反應，甚至可以用遮瑕膏遮去眼底的黑眼圈。但這些只是身體的應對機制，我還是覺得自己跟瘋子鎖在一起，而那個瘋子就是我。

搬到別的城市沒有讓我復元。那名瘋子就像忠狗，我到哪他就跟到哪，而那段時間，我去了很多地方，頭六個月就搬了四次家。先是跟男友搬到校園附近一片泛黃的煤渣磚社區，社區名叫阿爾庫什別墅，游泳池裡長滿了草，甚至還有一棵棕櫚樹，一點也不像別墅。男友雖然盡心盡力照顧我脆弱的心智（他回家時常常發現我癱在床上一動也不動），我們之間的關係仍不免緊張，撐不過三月就結束了。

搬到奧斯汀三個月後，我發現自己在一個不太熟悉的城市裡擱淺了，發了瘋地在網路上搜尋便宜的租屋。一名大叔回信給我，說他在一片私人土地上有一間老舊、但很棒的石造豪宅，裡頭還有空房間。廚房裡有蝙蝠，而且我得保證絕對不會帶人回去，但房租很便宜。當時我急著找房子，所以就答應了。一個月後，他不經意地拿毒品給我，說他打算把這個地方改造成天體營。我個人對毒品或天體營都沒意見，但如果他不准其他人來這裡，那麼天體「營」不就我跟他兩個？這我可沒興趣。

我離開了天體營，搬進奧斯汀南邊的一間小木屋套房。那是我新男友的房子，我們是在週末的倉庫舞會認識的。他來自德州丘陵區，爸媽都是嬉皮，從小住在一輛改裝過的校車裡。這都不是問題，除了他不習慣在六月天開冷氣。結果，我在蚊子環伺下滿身大汗，恐慌症發作，覺悟到我不適合有室友——不管是哪一種室友。於是，最後我才會簽下奧斯汀中部只有三百八十平方呎大、有如倉鼠籠的小套房，享有冷氣、安安靜靜的獨居空間。就只有我，還有我心裡的小惡魔。

一連三個月每週寄出四十份履歷之後，我終於找到了一份兼職的行政工作，薪水就用來支付倉鼠籠的租金。那份工作是某個全國性的心理治療師協會提供的，這個轉折還真好笑。**在心理治療師協會工作的瘋子！**包含我在內，協會總共有七名員工。他們給了我專屬一人的大辦公室，還有可以眺望自然保護區的落地窗。只要接電話、整理檔案，似乎沒人會注意到我的存在。

在奧斯汀第一年給我留下的印象就是靜悄悄，彷彿厚厚的積雪把一切都掩埋了。我的倉鼠籠靜悄悄，通勤路上靜悄悄，我的辦公室也是只聽得見窸窣鑰匙聲和通話聲的真空空間。我彷彿走進某種煉獄，一個介於生死之間的灰濛地帶。我在那個中間地帶上下顛倒地飄來飄去。

在辦公室不用接電話的時候，我就狂搜Google，把它當作算命仙（**生命的意義是什麼？發瘋的跡象有哪些？如何走過心靈的狂風暴雨**？）。我時常在焦慮論壇上爬文，會員貼出一大串用藥歷史，好像那是別在夾克上的戰爭勳章，只不過把戰爭、頑抗、大屠殺、二次大戰、作戰計畫的戰場換成各種鎮定劑和抗憂鬱藥。上司走過去時，我就偷偷隱藏標籤列，清除搜尋紀錄；她一離開走道，我又重新開始。

經過一年多的徹底崩壞，我還是認為自己只是暫時找不到「對的那條路」；只要找到對的自助手冊、中藥、正面思考或佛經，我就會重新找到那條路。我要先疏通阻塞的脈輪、找出童年的創傷（包括十歲時說我的牙齒像驢子的混蛋鄰居小孩）。昴宿七星必須跟金星連成一線。耶穌必須在天使圍繞下從天而降。唯有如此，我才能找到屬於我的路。

然而，如果先知要我們**認識自己**，那麼我從一開始就沒有離開過那條路。認識自己，不只是認識陽光燦爛的自己，也包括**其他**方面的自己：蒙上灰塵的內心陰暗角落、不為人知的恐懼、草草包紮卻從未癒合的舊傷。這些傷不會隨著時間而淡化。創傷很頑強，即使忽略也無法讓它消失。它仍然存在於體內的裂縫中，窩藏在骨髓內，不斷嘗試破繭而出、讓人看見的方法。忽略得愈久，它就愈刁鑽。

要是我的恐慌沒那麼嚴重，要是挫敗感沒那麼濃厚，要是我沒跌進那麼深的兔子洞，我就不會去留意內心的陰影。崩壞的程度剛好是可以把我敲醒的程度。那是內心發出的求救訊號，是朝著我的臉飛來的凶狠右鉤拳。**嘿，妳！該注意一下了喔！**

內心的痛苦不是需要你踐踏或擊退的敵人，而是很重要的一種異樣感，目的是提醒我們，體內有些地方需要我們溫柔對待，並且細心呵護。它也可以是一名嚮導、一具推進器，推著亂踢大叫的我們，踏上最能幫助我們認識自己的陌生路途。受苦不是瞭解自己的唯一途徑，卻可能是很有效的一條路。古希臘的朝聖者沒有到繁華熱鬧的雅典城尋求內心難題的答案，而是千里跋涉到偏遠山城德爾菲，一個不像世界中心、反而像世界邊緣的地方。

• • •

傑夫從我眼前走過去的時候，我沒有從橄欖樹下站起來。他爬了一段陡峭的上坡路，整張臉紅通通的，我們相隔不到五呎，但他沒看見我。我靜止不動，化成了石塊和被曬乾的芥末色草地的一部分。當他繞過小徑、走向神廟的地基時，我輕吹了一聲口哨。他一愣，轉頭環顧山腰，目光終於落在我身上。

「你還在生氣嗎？」我對他喊，聲音在空曠的山谷裡迴盪。

他回頭走向我，手插口袋。「沒有啦。」他怯怯地說．「不氣了。我想通了，還是不要對事情抱持一定的期待比較好。最後我們還是看到了先知，妳也得到了休息，這才是重要的事。」

「那就好。」我說：「我有個想法。」我們一起從橄欖樹下走向阿波羅神廟。我對傑夫說：「雖然有點怪，不過我想我們應該問女先知一個問題。」

傑夫的眼睛一亮。「對耶，她一定還在附近，我們把問題寫下來吧。」於是，我們在一塊大石雕上坐下來，拿出筆記本。石頭的溫度透進我的洋裝，燙著我的後腿。周圍除了蟬鳴和鉛筆劃過紙張的聲音，一片靜謐。寫完之後，傑夫遮住他的問題不讓我看。

「幹嘛？這又不是生日願望，說出來就不會實現。」我取笑他。不過，老實說，我也不想讓他看見我的問題。這是我跟先知之間的祕密：**我要怎麼為接下來的路做好準備**？

10 下一站？隨妳挑

體驗過德爾菲山上的清幽寧靜之後，再面對長達二十三小時累死人的巴士旅程，很難避免現實感愈來愈稀薄。是啦，我是自己帶了新鮮水果，好在休息站吃完油滋滋的糕餅（害我兩天腸胃不適）後解解膩。我還試圖讓自己的下半脊椎相信，狹小的座位跟現代床鋪是遠方親戚。十分鐘下車休息時間，我也梳了梳凌亂的頭髮，塗點護唇膏，看著所有乘客睡眼惺忪地魚貫下車，把停車場變成煙霧瀰漫的工廠，每顆頭都變成了香菸煙囪。

但不管怎麼努力，時間還是免不了像融化的粉彩一樣混在一起。過了某一刻，大概是過了N次邊境、N個加油站、腳麻過N次之後，我漸漸搞不清自己到了哪個國家。度過失眠的幾個鐘頭，在黑漆麻烏的夜裡，我甚至忘記自己一開始想去的地方。我忘了坐上巴士之前的點點滴滴。永無止境的街燈和曠野催眠著我，讓我相信巴士是過去和現在唯一存在的東西。

至少這是我們好不容易抵達布達佩斯之前，我一路上的感覺。

・・・

我們從來沒打算要跑到這麼北邊。傑夫的土耳其和巴爾幹半島的破碎地圖最遠只到塞爾維亞，但塞爾維亞不在選項內，前往德爾菲之前我們就查過了。「到貝爾格勒（譯按：塞爾維亞首都）的巴士都滿了。」旅行社的女職員堅定地說，她的頭髮挑染成金色，超專業的紫紅色指甲喀喀喀敲著鍵盤。

「沒關係。」傑夫說：「那我們還可以去哪裡？」

「你們還**想**去哪裡？」她問。

「隨妳挑。」他說：「我們都可以。」

女職員狐疑地挑了挑修得很細的眉，打量我們，然後對著牆上的大地圖聳聳肩。「你們選。」

傑夫轉向我問：「去哪裡？這次要不要妳來決定？」

輪到我決定了。我猶豫地走向地圖，食指沿著不同路線比畫。**克拉科夫**、**諾威薩**、**布達佩斯，哪一個好**？為自己做決定很簡單，但我寧可去捕捉野生公貓，也不想為別人做決定。我怕擔責任，怕選的大家都不喜歡，或從下決定的那一刻起，所有衰事的降臨（爆胎、護照被偷、北極冰冠日漸消退等等），追根究柢都是因為我不夠面面俱到的決定。一小群人做決定時，被動的彈性配合最保險，可以避免衝突以及隨之而來的負面情緒。這是一種自我保護機制。

但我的猶豫也讓我困惑。這樣的我不符合我心目中的「鉚釘工蘿西」（譯按：象徵二次大戰期間代替從軍男性投入職場、從事生產工作的女性，後來成爲美國女性主義的象徵）。蘿西有傲人的二頭肌和足以融化鋼鐵的堅定眼神。她知道自己想要什麼，也不害怕表達自己的意見。我連自己想要什麼都說不清楚，女性主義課不是白修了嗎？希望別人代為決定下一站要去哪，是不是很懦弱？選個城市有什麼難的？

我把手指往北移十個緯度，只想證明我可以。「我們去布達佩斯吧。」我果斷地說。

「我一直想去看多瑙河。」堅定的口氣連自己都嚇了一跳，但話一出口，我就又縮回去了。「如果**你**也想看的話。但如果要去馬其頓也可以，或者……」

「去哪裡都可以。」傑夫說：「麻煩兩張去布達佩斯的票。」

「車程要二十三個小時。」她說，敲著嬌豔的指甲。「巴士星期四早上六點開，不要遲到。」

‧‧‧

坐在跨國巴士上，娛樂活動只限於看風景、玩牌玩到手機沒電，還有幫車上的其他乘客做精神分析。以看人這項娛樂來說，我的選擇只有坐我們隔壁呼呼大睡的老夫婦，還有公車司機。司機是個禿頭男子，他面前有張「請勿吸菸」的告示，卻還是右手握方向盤、左手掐菸。如果你想滿足其他偷窺欲，選項只剩下休息站和邊境兩個地方。

我們在馬其頓邊境停車、檢查護照時，我注意到了另一名乘客：雷射眼。「六點鐘方向！六點鐘方向發現外星人，報告完畢。九號，九號頻道。」我在傑夫的耳邊說。

傑夫不經意地轉過頭往六點鐘方向看過去，然後扭過頭說：「哇塞，他甚至沒好好偽裝成人類。」

「外星人」是我們給活像外太空來的怪咖取的代號。眼前這個傢伙簡直是剛下太空船。他不高，但壯得像台坦克車，二頭肌超級發達，光滑的馬蓋先髮型披在壯碩的肩膀上，穿著牛仔褲，看上去四十幾歲，種族不明，全身上下最殺的是眼睛。那雙眼睛就像冰藍色的雷射光，東西被它掃到就會應聲碎裂。

我們抓著蓋過章的護照走回巴士時，跟他擦肩而過。他站在隊伍中，酷酷地抽著菸，銳利的眼神在我的身心刻下裂痕。

「該死，他在看我。」我壓低聲音說。

「不，我很確定他在看**我**。」傑夫說。

「你知道嗎，他根本是同時看著所有方向，像變種的蒙娜麗莎。」

「千里眼，帥！」傑夫說。

「我猜他是一名變態的職業殺手。」我們坐回座位時，我小聲地說：「而且不只是在暗巷裡用消音手槍把你幹掉那麼簡單，他還可以靠第六感得知你最深的恐懼，為你量身打造精密的死亡陷阱，比方說你一早打開衣櫃就發現裡頭爬滿有毒蜘蛛，你所有的 J. Crew（譯按：美國時尚品牌）都沒了。」

「可能唷。」傑夫說：「或許他是鬼魂，被判生生世世搭著公車在雅典和布達佩斯之間往返。」

我跟傑夫可以把什麼都變成遊戲。我們就像拿到超大紙箱的小孩。在其他人手中，這種大紙箱只是平凡無奇的回收資源，到了我們手中卻成了神奇的時光機或深海潛水艇。之前在奧斯汀，我們就發明過各種遊戲。有時候，我們會鎖定一家餐館或咖啡店。我先走進去點東西，然後坐下來。他隨後進門，點了東西就在我旁邊坐下。我們會假裝不認識，再漸漸把好戲推上高潮。

他大聲問我能不能把鹽遞給他，我問他是不是雙魚座。他問我最喜歡「超級男孩」的哪個成員（**「那還用說，當然是喬伊」**）。我發誓說我在Tinder交友網站上看過他（**「那個光著上半身、抓著一尾鱒魚的傢伙不就是你嗎？」**）。他對天發誓，祖克柏還在包尿布的時候他就發明了臉書。我向他坦承，我爸媽是耶和華見證人的傳教士，所以我從小在亞馬遜叢林裡長大。等到午餐快吃完時，他已經不客氣地伸手過來偷挖幾口我盤子上的班乃迪克蛋，我也在他的筆記本上草草寫下電話號碼（**「但是晚上十點以後再打給我，因為我在成人影片店輪班到九點。如果你有興趣，我可以給你百分之五的折扣，絕對沒問題」**）。等其他人聽得目瞪口呆之後，我們就會咻的跑出餐廳，留下一群下巴掉下來的聽眾。

傑夫跟女兒在一起，也像跟我在一起一樣，玩得不亦樂乎。週末，他們會到不同城市亂逛（大學城、休士頓、聖安東尼奧和奧斯汀等），從垃圾箱裡挖寶，在大賣場的停車場用粉筆畫獨角獸，往發霉的排水蓋尋找龍的蹤跡。對西碧來說，爸爸搬進舊垃圾箱住是一件很合理的事。爸比的新家是一座堡壘！祕密洞穴！玩躲貓貓的最佳地點！五歲大的西碧遺傳了傑夫無憂無慮、大膽無畏的個性，所有事情對她來說都是遊戲。

對我來說也是。無論是馬其頓的休息站、停車場，還是垃圾箱，只要從某個角度去觀察事情，什麼事都會變得神奇無比。從這樣的角度看出去，**存在**這件事本身就是一件不可思議的天大奇蹟，因為我們身在銀河系的外圍，居住的星球已經四十六億歲，而且只是宇宙一千億個銀河中的一個。我跟傑夫都認為，既然我們抽到兩張地球遊樂園的入場券，就要狠狠給它玩個痛快。所以我們要不帶行李浪跡天涯，要坐上二十三小時的長途巴士前往布達佩斯。

・・・

巴士終於在空蕩蕩的布達佩斯公車站把我們放下來，我搜尋著雷射眼的身影。就算他還在，我也沒看到；反正無所謂，我可不希望鬼魂盯著我看。現在是凌晨五點，我跟傑夫已經達到要命骯髒的等級。但這種髒跟沒帶行李無關，就算帶了一整田薰衣草和五大箱行李，我聞起來還是像在冰箱冰太久的食物。坐這麼久的車，要避免衛生狀況拉警報，實在很難。

我們已經聯絡好沙發主人，但太陽甚至還沒升起，現在就去敲人家的門、求她讓我們沖個澡實在太不識相了。因為無事可做，我們只好搭地下電車到市中心，昏昏欲睡地在冷清的街道上遊蕩。

跟一個城市在日出前的冷凝寂靜中初次見面，其實很難得，你因此有了從建築物而非從臉孔解讀它的機會。布達佩斯的建築物是一個謎，讓我想起以前看過的其他歐洲城市，簡直像把巴黎、維也納、柏林的建築物連根拔起，再沿著多瑙河重新擺放，結合了新藝術風格的裝飾、巴洛克的圓頂，還有哥德式的拱門。

在布達佩斯四處幾乎都可看見的布達城堡（巴洛克式的山頂宮殿），就是匈牙利坎坷命運的活化石。城堡的高牆曾經被圍攻三十幾次。除了韃靼人，土耳其人和哈布斯堡王朝也曾攻破城堡。在德國的占領下，五十萬名匈牙利猶太人在大屠殺期間喪命。一九五六年，蘇聯的坦克車大軍鎮壓匈牙利革命，違反了華沙公約（逼迫匈牙利留在東方集團，直到一九九〇年代為止）。

經過幾世紀的動盪，鮮明的匈牙利精神仍然存活下來，甚至更加蓬勃。那是馬札爾人（譯按：匈牙利的主要民族）的生命底韻，保存在當地的語言裡頭。匈牙利文是宛如歌唱的奇特語言，跟其他歐洲語言幾無相似之處，即使匈牙利位在歐洲大陸的正中央。在帶有濃烈的紅椒、胡椒、番紅花和薑味的匈牙利料理中，也找得到這種精神。那是把勇氣熱血、熱情好客、憂愁悲傷和國家血淚融合在一起的民族精神。就像那句俗語說的：**匈牙利人開**

心時會哭。

・・・

根據網路上的資料，我們的沙發主人朵羅蒂亞是二十好幾的影評人。她是**作家**、**夢想家**、**搭便車的旅行者**，臉上有淡淡的雀斑，一頭火紅頭髮隨性紮成一束馬尾。一見到她，我就覺得她是那種外表文靜、內心狂野的人。「我有篇影評遲交了，希望你們不介意自己來。」她說，帶我們參觀她跟三名室友合住、鑲了壁板的舒適公寓。她打開一扇高大的木門，帶我們走進一間像大學生宿舍的明亮房間。「我室友出城去了。」她說：「你們可以睡這裡。」

當她說我們可以用淋浴間、把髒衣服丟進洗衣機時，我差點跪在地上親吻她的腳。「如果你們**真的**想體驗乾淨溜溜的感覺，可以去試試匈牙利的澡堂。」她說：「布達佩斯有超過一百座溫泉。」

「謝了，但除非必要，我盡量不碰跟肥皂或水有關的東西。」傑夫說，而且完全不誇張（提到一週一次的淋浴，他就會出現某種表情，像痛苦的鬼臉，也像眼睛進了肥皂的小男生）。

我跟傑夫不一樣。說到洗澡，我跟女詩人希薇亞・普拉斯同一流派。「**泡熱水澡是我覺得最像自己的時候**。」她寫道。我有同感。浴室對我來說就像庇護所，宛如子宮的聖堂，沒有任何人任何事能打擾（包括智慧型手機）。要不是擔心地下水層耗竭，我很樂意坐在蓮蓬頭底下，直到身體變成又白又皺的梅乾。我爸媽就是最好的證人。我（第一次）搬出去之前，他們曾經大力敲浴室的門提醒我，五個小孩裡就是我害家裡的水費暴增。**我沒辦法啊**，我想對著門大喊，**人家在浴室裡才覺得安全**。

他們說水在夢中代表情感，洶湧的大海、平靜的湖泊、暴漲的河水都是。我確實是個情感豐富的小孩，卻花了大半輩子才發現自己的神經系統比附近的一般小孩都要來得敏感。不是每個走進派對的人，都能憑直覺感受到正在做果凍酒的那個傢伙的內在風景。

從小，我就能從媽媽下樓的腳步聲判斷她早上的心情。我爸在看《小子難纏》（*The Karate Kid*）的時候，看到惡霸強尼在最後的打鬥場面中偷踹丹尼爾的膝蓋，我本能感覺到骨頭碎裂的聲音。我的內心世界跟外在世界的界線布滿漏洞又輕薄如紙，所以情緒經常多到滿出來，有些是我自己的情緒，也有很多不是。浴缸就是我的避難所，在那裡可以把所有情緒沖洗乾淨，沖下迴旋而下的漆黑排水孔。

・・・

朵羅蒂亞建議我到格勒特飯店的溫泉浴場為自己「施洗」。這家飯店是在布達佩斯多瑙河西岸（布達這一邊）屹立多年的著名地標。一八七三年市政合一之前，布達佩斯其實是兩座城市；西邊是高低起伏、遍布城堡的布達山城，東邊是熱鬧繁華的佩斯平原，灰濛濛的多瑙河有如緞帶般從中間把兩城切開。兩邊城市都很容易到達。搭一小段搖搖晃晃的電車過河，我就抵達了飯店的正門階梯。格勒特飯店走的是新藝術風格，就像一顆浮在水面上的尊貴寶石。

我一身髒兮兮、踱進這家百年飯店的宏偉入口時，竟然萌生一股恐懼。大廳有兩層樓高的玻璃拱形圓頂、華麗的柱子，紅絲絨壁龕裡立著一尊尊裸體雕像。這裡給人的感覺就像一座古老的宮殿，不像溫泉浴場。整棟建築就是對電報和菸斗仍風行的往日時光活生生的紀念。因為效果太逼真，當服務生遞給我一套泳衣、為我指出更衣室方向時，我幾乎想向他欠身行禮。

走向更衣室時，我心想，匈牙利不知道有沒有不成文的泳池規則。**如果有，那會是什麼？一定要戴泳帽嗎？會不會有人看我兩腿之間的雜亂叢林不順眼？**諷刺的是，因為我太擔心自己出糗，結果就真的出糗。走進更衣室，我才發現自己被毛茸茸的肚子和男性生殖器圍繞。我正站在陽具森林裡。眼前的景象是我前所未見，或許只有在《國家地理雜誌》或我媽那本《人類一家》攝影集（譯按：一九五五年攝影家愛德華・史泰欽〔Edward Streichen〕邀集各方攝影師，以不同國家人民爲主題舉辦的攝影展）的黑白照片上看過。我舌頭打結，只能說出「喔，天啊」這三個字。

幸好很快有人來替我解圍。「**小姐，這邊。**」一名男服務生禮貌地把我帶離小弟弟集中地，前往女性更衣室。我穿上租來的海軍藍泳衣，走進浴場時，臉頰還在發燙，不過在我發現自己走進了浴池天堂時，困窘的感覺多少被沖淡了一些。這裡的池子多到可以讓蘇斯博士（Dr. Seuss，譯按：美國兒童文學名家，利用押韻讓故事更朗朗上口）入詩，有室內池、室外池、熱池、冷池、礦泉水池、波浪池。

我走向波浪池，小心避免跟腿毛似曾相識的男人眼神接觸。幸好，輕柔的波浪很快撫平我對擺盪的老二和休息站的簡陋廁所的回憶。這就是旅行的節奏。馬拉松似的移動過程中，穿插著令人驚喜的平靜時刻。這個時候，時間慢了下來，只要閉上眼睛在水上漂浮，盡情享受當下就行了。

但水中的寧靜時刻，最多只持續了一個小時。我不確定黑麻麻的烏雲是什麼時候聚集過來的，但我知道我不是唯一假裝沒看見有道黑牆從遙遠地平線逐漸移往波浪池正上方的人。我們的集體否認，在天雷第一次轟然劈落時戛然而止。我見多了德州的夏季暴風雨，一看就知道這場雨肯定會驚天動地。風漸漸變大，拍打著告示牌和池邊的椅子。當肥大的雨滴打下日光浴平台時，波浪池突然停下來。雨鋪天蓋地籠罩平台，小孩放聲尖叫，爸媽也一邊尖叫，一邊衝去撿拾拖鞋和毛巾。

我離開波浪池，站在更衣室外面，看見女人尖叫著衝進門。有正當理由可以放聲尖叫是一件開心的事。除了足球賽和音樂會，我們很少有機會公開展示自己的音量，盡情地尖叫、嘶吼、哭喊。說來其實很可惜，因為偶爾可以從體內深處痛快大叫，是一件有點老派又超級過癮的事。我穿著租來的泳衣，在傾盆大雨下，跟周圍的人一樣對著天空放聲尖叫，直到空空的飯店泳池岸上剩下我一個人。那種感覺真好，水一直給我這樣的感覺。

· · ·

格勒特飯店不是我第一次在公共場合釋放情緒。我精神崩潰的第二年夏天，也有過類似的失控演出。但那天跟今天的天氣不一樣。那是一個悶熱的德州下午，蟬在樹上叫個不停，彷彿末日將近。我爸媽來奧斯汀度週末，我帶他們到德州大學校園看畫展。

我對畫展上的作品已經毫無印象，只記得後來發生的事。眼神炯亮的大學生揹著裝滿教科書的背包和對未來的滿滿計畫，昂首闊步走在校園裡。我的建築師老爸正在拍圓形簷板的照片，我卻盯著那些背包不放。背包跟公事包一樣，都是一種帶有目標的行李。即使只是假象，揹背包的學生都有各自明確的目標。他們以後或許會成為律師、醫生、行銷經理，在晚宴上把酒言歡時，若遇到有人問「**您**在哪裡高就？」這個不可避免的問題時，都說得出自信而明確的答案。

我羨慕他們的自信，但那對我是如此遙不可及。我已經轉了一年半的心智魔術方塊，還是跟剛開始一樣沒啥長進。

站在德州大學的鐘塔陰影下，我突然發現，沒什麼可以保證我的探索終有一天會讓我豁然開朗。或許，我永遠解決不了心中的難題。或許，我永遠無法確定宇宙不只是一個冷酷、混亂、星球遍布的地方。或許，我永遠無法理解痛苦和死亡的反覆無常。或許，我永遠擺脫不了瘋狂。或許，我再也無法重返正常生活。

站在人行道上那一刻的頓悟，不只是一個備受呵護的郊區白人女孩發現，連自己的優勢都無法使她免於痛苦不安（雖然確實也有這個層面）。那種沉重的感覺包圍著我，同時也延伸到我以外。

所有人都跟我一起困在這個瘋狂無比的世界裡，沒有人百分之百確定該怎麼面對這個世界。宗教確實提供了某些慰藉，但如果你不全然相信靈魂的存在呢？接下來該怎麼辦？

（貝克特說：「人生在世，無藥可治。」）

當我跟爸媽並肩走在一起時，那種不確定感泉湧而至。接著，粗啞的哀號聲衝上喉嚨，飛出我的嘴巴。淚水打在人行道上，等我發現那是我的淚水時已經太遲了。我整個人徹底失控，在大庭廣眾下淚流滿面、任人打量。

我爸媽沒勸我別哭，甚至沒問我怎麼了，他們只是伸出雙臂緊緊抱住我。那是他們唯一能給我的確定答案。

11 往塞拉耶佛之路

聽到「搭便車」三個字從朵羅蒂亞的口中說出來時，我全身一震。那是我們在布達佩斯的第二晚。她在廚房裡切胡蘿蔔，接著把蘿蔔丟進燉了好幾小時的匈牙利濃湯。我跟傑夫在城市裡閒晃了一整天，此刻正坐在桌前研究巴爾幹半島的地圖。

「其實，如果你們真的想嘗試未知的旅行方式，應該試試搭便車到塞拉耶佛。」朵羅蒂亞說：「那種感覺什麼也比不上。你完全不知道停下車的會是誰，或是什麼時候才能攔到車，什麼事情都可能發生。」

我研究著地圖上錯綜複雜的道路，考慮她的建議。以純分析的角度來看，我反對把命運交給難以捉摸的路上交通。在歐洲搭便車比在美國安全、普遍，我們雖然選擇隨遇而安的旅行方式，搭便車還是有太多無法控制的變數，很難讓我放心。按照計畫，再過兩天我們就得從克羅埃西亞南部飛往英國，走完我們第三段、也是最後一段旅程。這表示，我們離下一個目標還有五百哩路和兩道國界，沒有多餘的時間可以分給意外的驚喜。

然而，另一部分的我又覺得全身戰慄。體內有個隱約的力量在拉著我，就像有人用繩子綁住我的腰，輕柔而堅定地把我拉往一條不同尋常、但更加有趣的小路。搭便車是個爛主意，但我有種直覺，到頭來我們還是會站在路邊豎起拇指。

傑夫插嘴：「我們還沒買巴士的票，好像也沒有太多選擇。」

我的腦中閃過我們無助地站在波士尼亞公路上的畫面，但又匆匆把那道畫面甩開。「管它的，就試試看吧。」我說：「我們早點起床搭便車去塞拉耶佛。」

「好耶！」傑夫說。

「別擔心，其實很簡單。」朵羅蒂亞邊說邊攪拌熱氣騰騰、紅椒味四溢的濃湯。「尤其是對女性，駕駛人載到女性都比較安心。你們只要豎起拇指，對上駕駛人的視線，之後就看著辦了。有人停下車要載你們，你們就看著對方的眼睛，聽從自己的直覺。如果感覺不對就跳過，但這種狀況很少見。我搭便車從來沒有覺得不安心，還自己一個人搭便車環遊歐洲。」

「自己一個人？」我好震驚。我本來以為，「別惹老娘」的強悍氣質在單獨搭便車的女人身上是不可或缺的，但是臉上雀斑點點的朵羅蒂亞身材嬌小，說話輕聲細語。或許是我的想像太過狹隘，女人單獨旅行有太多錯誤認知和危言聳聽，或許搭便車也一樣。

除了朵羅蒂亞，我對搭便車的第一手資料都來自我媽。她十八歲生日就離家，從舊金山坐車直奔加拿大溫哥華。到了溫哥華，她住進一家便宜的青年旅館，慶祝自己轉大人，在那裡跟一個到處旅行的青少年結為好友，對方把搭便車的技巧傳授給她。後來，我那年輕氣盛的母親就一路搭便車到加拿大沿岸，成了搭便車環遊北美的先鋒元老。

第一趟便車相對來說還算順利，除了卡車司機以九十哩時速在彎彎曲曲的沿岸公路上飛馳還邊抽雪茄，甚至問她想不想當「舞者」。第一個晚上，她獨自在冰冷的加拿大海灘上過夜，把自己埋在沙子裡免得失溫。出發時，她只想快快逃離舊金山，揹上帆布背包就走人，連睡袋都沒帶。每次重提往事，我媽都會搖著頭說：「那時候我實在太天真，能活著回來也算奇蹟。」

或許很天真，但我媽跟朵羅蒂亞一樣，都有異於常人的勇氣。我讀高中的時候，她為了到阿曼首都馬斯喀特陪我姐待產，獨自前往中東（那是她第一次出國）。途中她到蘇丹卡布斯大清真寺參觀，跟一名溫文儒雅的伊瑪目討論伊斯蘭教義。基督教會教她穆斯林都蒙昧無知，注定下地獄，但她親眼看到的卻是同樣的無私奉獻、熱烈禱告、道德要求，還有對真理的主張。教義雖然稍有不同，但熱情如出一轍。這個發現深深震撼了她。她飛回沃斯堡（回到我們身邊）之後，帶回更多的疑問而不是答案。是那股牽引她的內在力量，點燃了我們家離開福音派教會的火苗。

・・・

傾聽內在聲音的唯一問題是，雖然你多半時候可以相信那個聲音，卻永遠無法保證過程會像你想像的那麼直截了當。有時候，你心裡有種神奇的直覺，最後果然星球連成一條線，紅毯在你腳下展開，帥爆的聯邦快遞員把一輩子分量的巧克力醬送到你家門口。然而，那個內心的狡猾聲音同樣可能把你帶到懸崖邊，丟下你一個人獨自摸索，渾然不知在懸崖上狼狽掙扎，往往就是喚醒魔法的必經之路。

隔天一大早，我們躡手躡腳走出朵羅蒂亞的公寓時，我並不期待腳下會出現紅地毯，但也沒預料到過程會那麼曲折。我當下絲毫不覺得我們正一步步走上懸崖。那天是禮拜天，布達佩斯的街道靜悄悄，空氣中瀰漫著週末狂歡夜之後常有的宿醉後寂靜。公用垃圾桶裡的啤酒罐和便宜小吃的包裝紙多到滿出來。傑夫把整隻手伸進一個垃圾桶，像浣熊一樣搜啊搜，最後拉出兩張發霉的厚紙板，臉上掛著開心的笑容。我們坐在空蕩蕩的人行道上，用朵羅蒂亞當餞別禮送給我們的紅色麥克筆，寫下「塞拉耶佛」四個又黑又大的字。這趟路會很漫長。塞拉耶佛在這裡以南三百七十五哩之處，首先我們得跨過匈牙利南方的邊境，越過克羅埃西亞北邊的大片土地，再往南切過太半個波士尼亞與赫塞哥維納聯邦，最後才會抵達塞拉耶佛（到了那裡，我們甚至沒地方可住）。我來自綿延七百七十三哩寬的廣大德州，所以三百七十五哩對我來說不過是半天的小旅行。問題是我們選擇了搭便車，沒人知道要花多少時間。

就這樣，我們拿著手寫紙板、一瓶柳橙汁和幾塊匈牙利糕餅，就出發前往朵羅蒂亞最愛的搭便車地點試試運氣。朵羅蒂亞在我們的地圖上圈出地點：城市南邊的公路交流道斜坡。首先，我們要搭一段搖搖晃晃的電車，來到周圍景色從蘇聯式公寓漸漸變成長滿雜草的空地和大型倉庫之處。我們的狼狽掙扎就從那裡開始。

我不是很確定我們為什麼一直在原地打轉。或許是因為我們的耳朵無法把地圖街道上的匈牙利拼音跟電車長嘴巴發出的聲音連起來。也或許是我們一時恍神。總之，我們慌慌張張走上一條不知名的大道，完全迷失了方向。傑夫隨便攔人問路，但我們真正會的匈牙利文只有 sziasztok（哈囉）和 goulash（匈牙利濃湯）。

接下來是把找寶藏變成找路的尋寶遊戲。有對瘦巴巴的高中情侶要我們回去坐電車。

我們坐上電車之後，車上有個女人卻說我們還是弄錯了方向，我們只好下車折回原地。這時傑夫的血壓開始上升，我得用跑的才趕得上他的步伐。他**選擇**迷路的時候並不介意迷路，但這次不一樣。我們有明確的目標，他卻搞不清楚東西南北。

一開始，他迷路的樣子讓我覺得很好玩，傑夫很少這樣慌張失措。幾片空地和被噴漆的天橋模糊地掠過眼前，我知道我們在浪費時間，但也樂得觀察他的反應。後來街坊有個女人拿起鋤頭在她家的前院泥地畫出地圖。可惜我們沒能正確解讀地圖，走著走著來到一個廢棄的火車機廠，那一刻我的「順其自然」心境開始潰散。

「幹！」傑夫罵道。

「這樣吧，我們放棄朵羅蒂亞的搭便車幸運地點，直接去找最近的南下公路。」我說。天氣愈來愈熱。汗水滴下我的大腿，傑夫的牛仔帽頂端滲出一條黑黑溼溼的線。我的喉嚨好乾，柳橙汁早就見底，糕餅也快吃完了。我們浪費了半個早上在布達佩斯郊外繞來繞去，我漸漸失去了耐心。

當我發現我的內褲溼得不太尋常時，心情更是盪到谷底。我們在公路加油站停下來，我確認生理期真的來了，而且我帶的三條內褲有一條毀了。還有，我只帶了兩個衛生棉條，但我們要搭一整天的便車，接下來還得走完最後一段行程。出發之前我看過日期，早就知道旅行到某個時候，我得去添購衛生棉條，只不過，我沒想到剛好就是我們搭便車橫越巴爾幹半島的時候。

傑夫站在加油站遮陽篷的陰影下，我走過去跟他宣布這個消息。「嘿，你知道我昨天吃了一整碗巧克力冰淇淋？」

「知道啊，所以呢？」

「那其實不是我突然發神經，如果你知道我的意思的話。」

他想了一下之後，雙眼圓睜。「真的假的？**現在**？」

「沒錯，就是**現在**。我的皮包只塞得下兩個棉條，現在只剩一個。」

「可惡，妳的陰道還真會挑時間。有什麼我能幫忙的嗎？」

「我會記得把『超準時陰道』加進我的個人檔案，就放在做事積極和精通Office後面。現在能做的事也不多，今天我大概還撐得過去，之後就得隨機應變了。」

加油站位在一條兩線上坡匝道對面，順著匝道的彎道行駛，車流就會匯入南下的公路。我們越過馬路，傑夫爬進護欄，相中匝道前的一小片草地。「這裡可以。」他對我揮手。「過來。」

我跟上去，但跨過欄杆時被某個東西鉤住。是我的洋裝，花邊裙襬跟欄杆上的螺絲纏在一起，等我發現時，傷害已經造成。布料撕裂的聲音劃過空氣，我的綠色洋裝鉤破了。精緻的花邊裙襬破了一個大洞，不管縫多少針都不可能補得回來。我蹲在草皮上，伸手去摸破損的棉布，竟發現自己淚眼模糊。這件洋裝是個可笑的選擇，再說也沒必要為了一件衣服這麼多愁善感，但我還是不由自主有種痛失所愛的感覺。儘管不切實際，這件綠色洋裝卻是這趟神奇而荒謬的旅行的縮影。這兩個禮拜以來，我每天都穿著它，現在我卻他媽的把它給弄破了。

傑夫沒看到我把洋裝扯破的那一幕。他在離欄杆較遠的地方，正低著頭把手寫牌上的「塞拉耶佛」的每個字加粗，好讓它看起來更清楚。看他拿著紅色麥克筆堅定利落地揮灑，想必他已經全面啟動「作戰模式」。

我抓著破掉的裙襬走過去時，他甚至沒抬頭看我。「我在想，」他說：「由**妳**來拿牌子可能比較有效。妳站出去攔車的時候，我先退到後面。妳把頭髮放下來，看起來或許更性感？」這句話惹毛了我。

「更性感？**是吧**？」我大喊：「你邀我不帶行李、只穿一件洋裝跟你一起旅行——順便告訴你，現在洋裝破了。而你還要我把頭髮放下來，好讓自己看起來更**性感**，即使現在我正穿著血淋淋的內褲，而且滿身大汗。只因為天底下的女人都活該被物化是吧？我是不是應該解開幾顆鈕釦，這樣才能發揮最大的魅力？還是要脫光光貼著高速公路號誌跳鋼管舞，這樣是不是更有效？」

看見我發飆，傑夫一臉錯愕，手中的紅色麥克筆停在半空中。他看看我又別開眼神，對剛剛的提議有點愧疚。我一下子就從壁花小姐變成激動的演說家，他從沒看過我這樣。稍微平復心情之後，他說：「抱歉，我不是故意要那麼機車。只是朵羅蒂亞說，駕駛人比較願意讓女性搭便車。我想用點策略好讓我們離開這裡……！」

「不必了。」我凶巴巴地說。

我站在高架橋邊的茂密草叢裡瞪著他。世界靜得令人窒息，周圍的空氣、空蕩蕩的馬路、對面加油站的「熱狗買二送一」布條全都一個樣。即使後來我拿起牌子板著臉去攔車，還是沒用。星期日路上的車很少，開上公路的人大剌剌地打量一個穿紅色休閒褲的高大牛仔，旁邊站著一身合身夏季洋裝、臉色陰沉的女孩。我們在毒辣的太陽底下站了一個小時，經過的車子連踩煞車放慢速度都沒有。時序已過了中午，我們人還在布達佩斯附近。

「我們乾脆走路去塞拉耶佛好了。」傑夫說，他從我發飆之後就悶聲不響。

「好吧。」我說。這個想法雖然荒謬，但我也沒有更好的對策。

我們爬上匝道往公路走，腦中只剩下靠兩條腿往南走的瘋狂念頭。就在我們爬到斜坡最高點時，我聽到了喇叭聲。一輛鏽跡斑斑的寶獅掀背車在狹小的匝道路肩停下來——應該說，**大部分**車身停在路肩。一個父親模樣、身材福態的男人跳下車對我們揮手。他滿臉雀躍，無視於自己的車有一半仍停在右車道上，擋住後方來車的事實。

我跟傑夫飛快跑過去。我們都因為終於有人停下車而興奮不已，但也生怕還來不及享受搭便車的樂趣，就被車子輾斃。好心人用結結巴巴的英語向我們解釋，他是冰淇淋製造商，正要去採收草莓。難怪他車上放了二十幾個塑膠箱，他手忙腳亂地清出兩個空位。這是個高風險的俄羅斯方塊遊戲，每次有車**呼嘯而過**，我就全身起雞皮疙瘩。

「天啊。」我低聲對傑夫說。

「耶穌基督。」他回道。

傑夫折回匝道口指揮其他車子切入左車道，留下我跟草莓冰淇淋男。我不知道該做什麼，只好主動說要幫他搬箱子，但這就像對正在動腦葉切除手術的外科醫師伸出援手一樣。他自有一套做事方法，我只能站在坡道上，祈禱急救人員剝開我們被輾平的屍體時，不會發現我血淋淋的內褲。

・・・

幾個禮拜前，我才出過一場車禍。四月我跟傑夫剛認識的時候，我還有一台二〇〇三年份的黑色喜美。我幫它取了一個小名叫「綿綿」。綿綿跟一輛運作正常的汽車之間的差別，就如同葡萄軟糖跟真正的葡萄。它的前方保險桿毀了，後方保險桿有一半陷進去；儀表板上那邪惡的「引擎警示」橘燈永遠在嘲笑我。冷氣在天涼的時候喜怒無常，天熱時就裝死。另外，變速器也快掛了，這表示每次從二檔換到三檔，就像在重演飛機失事的初步階段。基本上，我等於開著一部有引擎的汽車殘骸。雖然很糟糕，但還不到買新車的時候。

綿綿雖然問題多多，到頭來卻自己解決了問題。那天是五月的某個下午，奧斯汀正在下雨。前一晚，傑夫開車來找我，那是我的第四次約會。他留下來過夜，早上還幫我煮了咖啡。後來我開車去赴門診，讓他留在我的公寓套房閒晃。五分鐘後我打給他時，手機在我手中抖個不停。**我剛剛出了車禍，你可以來接我嗎**？

我開下陡峭的山坡時，綿綿剛好煞車失靈，又因為路上的雨水和油污打滑。當我發現腳下一空、毫無重量的那一刻，我就知道自己會撞上停在紅燈前的休旅車。那一刻是緩慢而平靜的慢動作，我還有時間準備迎接不可避免的衝撞力。

幸好沒人受傷。休旅車的主人是兩名韓國大學生。當時是交通尖峰時段，車輛在溼滑的山坡上上下下，他們冒著危險拍下保險桿的凹痕。綿綿慘不忍睹。車頭看起來像被揉爛的糖果紙，車蓋底下直冒煙，味道像燒焦的橡膠。整部車奄奄一息，我連把它移到路邊、停進傑夫來接我的冷清停車場都沒辦法。

我們出發前的一個禮拜，保險公司宣布我的車全毀，並寄給我一張八千美金的支票，是我當初買車價錢的兩倍多，甚至比實際價值多了至少四倍。保險專員打電話來通知我這個消息時，我正坐在傑夫的車上。我掛斷電話，興奮地往儀表板一拍。「綿綿創造了一個奇蹟！好貼心的破銅爛鐵！」經過兩年不是失業就是靠微薄的兼差薪水勉強過活的日子，八千美元對我來說簡直像中樂透。

「這是上天的安排。」傑夫眼神很賊地說：「現在妳有錢跟我一起去旅行，也可以辭掉新工作了。」

「你瘋了。」我說。

跟傑夫見面的那個禮拜，我辭去了心理協會的兼職祕書工作，接下洛杉磯某公司的iPad 應用程式評論員工作，當全職的 SOHO 族。這對我來說是一大進步。幾個月前，我還要用金色貼紙獎勵自己早上從床鋪爬起來，現在卻已經能獨當一面。我的新老闆對我的表現很滿意，甚至願意讓我調整工作迎接之後的旅行。這是我多年來第一次不用到處打工，才繳得出房租。唯一的問題是，看冰塊融化比評論那些 app 更振奮人心。理論上來說，這份工作是我重返穩定生活的絕佳踏腳石，但它卻像一條無趣的死路。我不知道該怎麼解釋，純粹是一種直覺。

傑夫認為我應該聽從直覺，辭掉這份光鮮的新工作，跟他一同飛去伊斯坦堡，其他的反正船到橋頭自然直，就跟綿綿一樣。

「綿綿一定也希望這樣。」傑夫說，輕敲著方向盤。

「我瘋了才辭掉工作，」我反駁：「這份工作是我恢復穩定生活的大好機會。為了買飛往伊斯坦堡的機票，我才剛把帳戶的錢提光，我今年做的可疑決定早就已經超過額度！你知道當月光族有多可憐嗎？」

「我可以幫忙。」他說：「這樣妳就有時間去探索，把事情想清楚。」

我們沿著十號州際公路上蚊子滿天飛的放牧草原往前開，我等著他說出關鍵的那句話，但他默默不語。我困惑地看著他，接著就拒絕了他的提議。「難道我要把自己的經濟保障交給一個連五分鐘之後會發生什麼事都無法保證的男人？」

「這只是一個想法。」他說。

即使一一列出我的恐懼，我仍然感覺到有條繩子把我拉向懸崖邊。衝動地辭掉工作並不明智。我唯一必須拉住的是那股愈來愈強烈的直覺。那股直覺告訴我，有個東西正等著我，我必須放棄一切，做好走向它的準備。

幾天後，我寫信給老闆，說**我得到了一個新機會**。雖然很想加上一句「**我自己也不知道那是什麼機會**」，最後還是以「祝福你」結尾。現在也只能看著辦了，只希望我的「直覺」不只是心靈的詭計。

・・・

神奇的是，草莓好心人還真的在公路車流把我們輾斃之前，在他車上清出兩個狹小的空間。有一度，他問我們的行李在哪裡，傑夫說我們沒有行李。也好，因為除了裝我們三個人外加二十幾個空塑膠箱，車上已經沒有多餘的空隙。

草莓好心人載我們橫越一百五十哩到克羅埃西亞邊境，一路上愉快而平靜。我們跟他道別後，他繼續趕路。在克羅埃西亞邊境，有個上了年紀的語言老師載我們到最近的小鎮。一路上她幾乎沒說話，但廣播大聲放送的民謠填補了車上的沉默。我的腿黏在她熱呼呼的皮革椅上。

她把我們放在一個鄉村小鎮上，嚴格說來更像小鎮中的小鎮。那裡有個加油站，還有空無一人、油漆都已褪色的遊樂場。我們在加油站買了一包花生口味的奇多零嘴，在空蕩蕩的主要道路上狼吞虎嚥吃完，手指沾滿了汗水和鮮豔的起司粉。又經過一回合的等待，有個穿著整齊、神似史恩・康納萊的男人開著閃亮的灰色速霸陸停下來。他說他可以載我們到往南三十哩的下一個大城：奧西耶克。我們立馬跳上車。

我坐後座，傑夫坐前面，擔負起跟對方聊天的重責大任。史恩・康納萊會一點英文，我們三人努力進行客氣的對話。我們問起他的工作，他說他從事葡萄酒方面的差事。「克拉拉很愛葡萄酒，」傑夫說：「但我對葡萄酒過敏，喝一小口就會頭痛欲裂，因為丹寧酸的關係。」

史恩奇怪地看了他一眼，但沒說話。我問起當地葡萄品種，想化解尷尬的沉默；傑夫問他窗外的田園式山丘的土質。怪的是，史恩似乎對這些事都不太懂。另外，他穿著軍隊的綠色迷彩裝，怎麼看都不像「年度釀酒師」。車子開到奧西耶克的郊外，他在路邊煞住車，停在樹木林立的草地旁。「我帶你們去看葡萄酒。」他說。

「朵羅蒂亞沒說能不能跟陌生人走進荒郊野外。」我悄悄對傑夫說。我們跟著史恩走上黃土小徑。

「等一下……」傑夫說。小徑沒有通往一排排修剪整齊的葡萄樹，而是一片倒鉤鐵絲網，上面貼著不祥的骷髏頭標誌。史恩．康納萊舉起手摀住耳朵，縮起肩膀，模擬炸彈爆炸的實況。

我跟傑夫在同一時間豁然開朗。「我的媽呀！」我驚訝地說：「他是說他從事**地雷**（mines）方面的工作，不是**葡萄酒**（wines）。」

那是「迷失在翻譯中」的一刻。一九九一年克羅埃西亞的獨立戰爭期間，奧西耶克剛好位在地雷埋得最密集的狹長地帶上，而史恩．康納萊便是受雇來清除這些在附近田野底下埋了二十多年的地雷的包商之一。

我們三人站在田野旁，眼前的詭異景象深深震撼了我。所有景象融成一片：在夏日的午後微風中微微彎曲的白蠟樹；鐵絲網後面的地雷禁區；身穿迷彩服的史恩．康納萊。整個景象很超現實。我的生理期來了，兩手空空，穿著扯破的綠色洋裝站在克羅埃西亞的公路邊，身旁是我在交友網站上認識的男人。是什麼樣的神祕力量把我從奧斯汀拉到這裡？接下來它又會把我拋向哪裡？

12 喔，瑪麗亞！

在斯拉沃尼亞布羅德的公車總站外看到瑪麗亞的第一眼，我就知道她是傑夫的菜。她像一頭鹿，五官細緻，兩頰瘦削，迷濛的眼神望著籠罩在停車場上方的午後陰沉天空出神。好幾天沒洗的肉豆蔻色頭髮，像簾幕遮住她的臉。她舉起比我纖細許多的手腕（可以用拇指和食指輕易圈住的手腕）撥去眼前的頭髮。一只破舊的背包斜倚在軍靴上，她看起來頂多二十二歲。

我們走進公車總站買車票時，傑夫一眼就注意到她，還不只匆匆一瞥，而是盯著人家不放。我看得到他腦中的好奇心瞬間點燃。**那又怎樣**，我們走去售票口時，我提醒自己，**受到其他人吸引也沒什麼錯**。雪上加霜的是，我並不覺得自己現在特別有吸引力。我的身體正在分泌大量荷爾蒙，皮膚曬傷，而且第二個棉條已經用完，不得已只好用公車站洗手間的衛生紙自製衛生棉，但那種衛生紙薄到可以透光。

逛完地雷區之後，我們來到了斯拉沃尼亞布羅德的公車總站。史恩．康納萊把我們放在灰濛濛的奧西耶克市。到了那裡我們暫停攔車，轉而走進一家餐館吃克羅埃西亞的傳統料理 ćevapi，其實就是把很多小香腸浸在乳酪中，再夾進兩張圓形烤餅。食物中的色胺酸讓人昏昏欲睡，飯後我們糊里糊塗晃到一條不知名的大道，尋找下一個搭便車的地點。就在那裡，我們遇到了開坦克車的伊果。

伊果是個黑頭髮的克羅埃西亞人，因為陷入泥淖而抑鬱寡歡。他跟我差不多年紀，但沉重的眼神讓他看上去老了十歲。他迫不及待地要練習他從《魔鬼終結者》（*Terminator*）、《捍衛戰士》（*Top Gun*）、《第一滴血》（*Rambo*）和〇〇七這些美國動作片學來的英文。他很想離開奧西耶克，出外讀書，但因為經濟太壞，除了幫軍隊開坦克車這種沒前途的工作以外，他別無選擇。

「我住奧西耶克。」他跟我們說：「不過我可以載你們到更容易搭便車的地方。」只是看了一眼擋風玻璃外的地平線，他又改變主意。「快下雨了，搭便車不好，坐公車比較好。」

伊果說的沒錯。奧西耶克雖然天氣晴朗，地平線那頭卻是烏雲蔽日，天空看起來就像我那次在格勒特飯店的浴場看到的一樣。我跟傑夫沒有考慮很久。即使沒有夏季雷雨來攪局，我們的塞拉耶佛之行也已經夠刺激了。「可以請你載我們到公車站嗎？」我問。

於是，最後我們才會在雨天坐上往斯拉沃尼亞布羅德的公車。斯拉沃尼亞布羅德是克羅埃西亞的一個小鎮，就位在波士尼亞的邊境上。也因為這樣，我們才會遇到瑪麗亞。

傑夫對擁有魔鬼身材、天使臉孔、蓬鬆秀髮的完美女人沒興趣。他偏愛氣質獨特的女孩，並非性感惹火的辣妹，而是**其他方面**讓人眼睛一亮的類型。擁有某種與生俱來的特殊氣質，而不是後天的加工品或添加物。

我知道他的偏好，因為我自己就有那種特質，至少他是這麼跟我說的。我不是標準美女：嘴巴有點歪，牙齒突出，牙醫師說要矯正的話，非把我的顎骨撬開不可。瑪麗亞臉上的迷濛眼神也常在我臉上出現，這點沒有逃過傑夫的眼睛。我們坐在候車區喝啤酒時，他的目光不時飄向她那一桌，我看得直冒冷汗。這樣想是很幼稚沒錯，但我希望她不會跟我們坐同班車去塞拉耶佛。

「Sada ukrcaj!」有個公車司機大喊。**要上車了**。

「該我們上車了。」傑夫說。

我跟著他汗溼的牛仔帽邊緣，走向聚集在入口等著爬上大型公車的人群。開往塞拉耶佛的公車像一顆白色甜瓜，外表光滑，裡面多籽。我們坐上有如洞穴的車內座位，裡頭鋪了厚重的地毯和酒褐色的窗簾。我有點期待幽暗的行李架上會飄出雪茄煙霧，或看見黑手黨大哥坐在走道另一邊磋商密謀，結果只看到瑪麗亞。她是最後上車的乘客之一，像一縷幽魂飄上走道，正好在傑夫前面的靠窗位置坐下來。我嘆了口氣。**不會吧**？有這麼多公車、這麼多位置，她偏偏就選了這一個。

公車匡啷匡啷駛出車站時，我萌生一股罪惡感。**就算傑夫注意到她，那又怎樣**？他對我沒有責任，我對他也沒有責任。我們兩人對這段沒有界限的關係都有明確的認知。嚴格來說，我們想追求誰都可以。而傑夫一向會被房間裡最有趣的人吸引，以眼前的情況來說，那個人剛好是個擁有奇特魅力的女人，而她剛好坐在傑夫前面（雖然不是她的錯）。我沒有討厭瑪麗亞的正當理由。**一**、**點**、**也**、**沒**、**有**。人家又沒有用迷濛的睡眼勾引他，或把他的名字刺在纖細的手腕上。根據我的觀察，她甚至沒意識到傑夫的存在。我這樣很不理性，根本是在胡思亂想。

公車過了薩瓦河，進入波士尼亞的布羅德城時，我那股醋勁愈發顯得小心眼。才一眨眼，這城市的灰泥門面就從光滑平整變成大花臉。我靠在傑夫的肩膀上望著窗外。這座城市在九〇年代中的巴爾幹戰爭期間，遭到猛烈攻擊。眼前的景象很突兀，因為城市生活就在戰火殘骸下照常進行。

但是跟雨中的波士尼亞鄉下比起來，布羅德根本不算什麼。高低起伏、連綿不絕的丘陵草地上，盡是轟炸殆盡的房屋殘骸，屋頂垮了，牆壁像蜂窩。我跟傑夫都噤聲不語。

我大學時讀過巴爾幹半島的複雜歷史。南斯拉夫總統鐵托（Tito）死後，實施共產主義的南斯拉夫，其境內的種族陷入了分裂。然而，看書讀到的戰爭，跟親眼看見戰爭留下的血淋淋慘況不一樣。我的人生經驗中沒有任何一段能跟窗外的景象相比。

身為美國中產階級的白人女孩，我接觸到的暴力都是消毒過的，死亡也排除在安全無害、井然有序的新聞報導之外。我唯一看過的屍體，是西德州殯儀館內七十歲以上老人上過妝的遺體。我去過阿拉莫（譯按：德州跟墨西哥之間的獨立戰爭）和蓋茨堡（譯按：美國南北戰爭最血腥的一場戰役）之類的歷史戰場，但這些戰場早已清除乾淨，改以繪畫、匾額和有聲導覽等方式紀念。然而，在波士尼亞和其他的巴爾幹半島國家，戰爭的回憶仍然是記憶猶新的切身之痛，土地裡還有地雷沒挖出來，所有超過三十歲的人眼裡仍帶著一絲哀戚。

連綿不絕的房屋殘骸直到日落看不清時，才消失在眼前。我沒有心情聊天，需要靜下來消化那些從土地滲透進皮膚的淒涼景象。傑夫也大受震撼，但他恢復情緒的速度比較快，又容易因為眼前的事物而分心，恰巧他前面坐的就是瑪麗亞。看得出來，他正在找機會跟她攀談。當公車在馬路中間一晃停下來時，機會之門終於為他打開。車燈一閃，然後滅掉，接著公車撲向漆黑的雨幕，車上乘客緊張得交頭接耳。

傑夫展開行動。「我們大概得一路把這輛公車推到塞拉耶佛了。」他喃喃自語。瑪麗亞咯咯笑，從座位上轉過頭來。就這樣。她隔著座位跟他說她叫瑪麗亞。果然是個迷人的女孩，還是個畫家，來自法國的波希米亞家庭，準備去塞拉耶佛的藝術學校參加入學考試。面對這兩個人的打情罵俏，我閉上眼睛雙手抱胸，表達沉默的抗議。當瑪麗亞從袋子裡拿出巧克力請我們吃的時候，我說我不餓——十足的睜眼說瞎話。

・・・

我跟焦慮和恐慌是熟悉的老朋友，但吃醋在我的情緒檔案庫裡卻是全新的資料。過去談過的戀愛中，我聽到「前女友」三個字偶爾會小家子氣地翻翻白眼，但也僅止於此。我從來沒有過醋意如鯁在喉的感覺，或是想狠狠甩上門、直到門把晃個不停的強烈激動，也從未有過怒火攻心的不安全感。

後來我認識了傑夫。

第一次吃醋的經驗讓我措手不及。感覺像有隻噴火龍在心中沉睡了二十五年，現在才剛醒來。我一直以為自己「沒那種問題」。我的愛情典範都是些放蕩不羈的人，比方歐姬芙和史蒂格利茲的婚姻（譯按：歐姬芙是美國畫家，以花卉微觀畫最為人所知，與攝影師史蒂格利茲結婚後雖曾傳出外遇、分居，但兩人始終沒有離婚）、西蒙・波娃跟沙特的一世情誼（雖然兩對的結局都不是很圓滿）。我是那種會勸前男友嘗試前衛開放關係的人；把一本《性源起》（*Sex at Dawn*）翻到快爛掉；聽到一夫一妻制絕對會懷疑地豎起眉毛；腦袋裡有一長串人類的愛與欲望無限寬廣的陳腔濫調（**愛上一個人不表示你的愛就此枯竭！愛是一口取之不盡的水井！地球上的人類有多少，愛的排列組合就有多少！**）。

更糟糕的是，我無法否認一個事實：傑夫比我更有吃醋的正當理由。利用我們之間「盡情追求自己想要的東西（或人）」這個約定的人是我，跟別人上床的也是我。

那是我們在國會大廈見面之後兩個禮拜發生的事。我被我們之間全新的開放關係沖昏了頭，因此有個黝黑挺拔的仰慕者約我出去時，我很快就接受測試這份「自由」的機會。傑夫當時已經回到布朗斯維爾，但人還在車上。他要我去赴約，照自己想要的去做，所以我就去了。那個仰慕者帶我去聽音樂會，我們在酒吧裡調情，後來我邀他回我的住處來杯所謂的「睡前酒」。

不幸的是，難堪的現實不符合我對性解放的知識認知。跟那人上床的感覺不怎麼樣，我甚至不確定自己是不是真的想走到這一步，感覺上比較像我在那種情況下**應該**想要進一步。做愛時，我盯著天花板上的凹凹凸凸，巴不得快點結束。後來，他問我能不能留下來過夜，我搖頭說**不行**。我請他離開。插上門閂時，我赤裸裸地坐在床邊，希望剛剛床上的人是傑夫。之後我走進浴室，拚命把皮膚刷到又紅又粗，好像只要拚命刷，就可以把前一個小時發生的事洗掉。

幾天後的早晨，我難為情地把這件事告訴傑夫，他的反應很冷靜。驚訝的表情從他臉上一閃而過，接著他啜了一口咖啡，笑了笑，說他大概猜到了。

「妳跟他在一起的時候，我剛好走過一個停車場。那時正好是晚上十一點，本來風平浪靜的，卻突然颳起一陣怪風，把三個橘白色的交通柵欄吹**向**我，一個想必有一百磅。那時我就有預感發生了什麼事。」

傑夫聽到我跟別人赤裸裸在一起的平靜反應，讓我更恨自己怎麼這麼沒用。或許愛是一口取之不盡的水井，但它也是一個錯綜複雜的感情迷宮，除非走在裡頭的人是個無私無我、能以蓮花之姿騰雲駕霧的菩薩，但我顯然不是。

我愈想就愈覺得自己太可笑了，把「不定義關係」想得太簡單。傑夫似乎可以接受各種曖昧關係，但我其實沒有自己以為的那麼波希米亞。除非我們要的是不設限的放浪生活，要不然還是尋求幫助、釐清這段關係的實際運作方法，比較保險。

傑夫不在的時候，我又重拾瘋狂上網Google的老習慣。只不過這次我瘋狂搜尋的不是生命的意義，而是我到底不經意地把自己推進哪一種曖昧的現代愛情關係裡。

結果很令我吃驚。我早就不相信婚姻只能是一男一女的神聖結合這套基督教理論，卻不知道愛情關係有多少種可能，或是一些前衛的愛情關係有多條列分明。有些情侶嚴守「不過問、不說破」的性愛策略，但即使是這些人，也常畫出明確的界線（例如保護措施不可少、不動真感情、不跟彼此的朋友發生關係、不在兩人的床上亂來）。

「非一夫一妻制」或「開放性關係」也許讓人聯想到淫亂放縱，但實際上更可能包含大量的溝通和明確的界線。在多元關係裡，「多重伴侶之間的愛」可以有各種不同的形式。其面向之多，甚至有其專門的術語、定義和口語表達方式，例如三人行（closed triad）、多人行（polyfidelity）、樞紐（hinge）。非傳統的愛情關係絕對不是含糊不清的放縱關係，反而常常必須把界線講清楚、說明白。兩人關係就已經夠複雜了，想加進更多拼圖得更小心、更細膩。

瘋狂上網搜尋時，我偶然看到一段高難度的驚人關係。舊金山有個技術經理同時有未婚夫、一個女朋友和兩個男朋友，並利用 Google 日曆搞定約會行程。我不敢相信這要怎麼辦到。她都在戀人家裡過夜嗎？如果是，一個禮拜幾天？如果有一方不高興，她要怎麼辦？她多常跟關係裡的每個人溝通？她要怎麼在全職工作以外應付所有的愛恨情仇？

瘋狂搜尋過後，我反而比一開始更加困惑。理想的關係沒有一致的標準。每種關係都容易引發妒火。感情是一個複雜的光譜，有些人就是比其他人更適合一夫一妻制。從統計數字來看，開放關係跟嚴格的一夫一妻制同樣容易失敗。埋頭搜尋好幾個小時之後，我唯一確定的結論是：無論哪種關係符合你的想像，你都必須在那樣的關係裡勇敢面對自己的脆弱。

・・・

傑夫不經意提起在 OkCupid 認識的另一個女人時，我正拿叉子叉起毛豆。當時兩人坐在奧斯汀市區的一家平價咖啡館裡。我一愣，盯著午餐沙拉看，無法抬起頭。當他說出交往細節時，我突然對每顆綠色毛豆完美的弧形深深著迷。**灑滿羊乳酪的毛豆**。對方是單親媽媽，在當地的行銷公司上班。**兩顆包在菠菜洞穴裡的毛豆**。從來都是她主動聯絡他的。**撒上胡椒的毛豆**。或許對垃圾箱計畫有幫助。**半顆泡在油醋醬裡的毛豆**。明天要共進午餐。什麼都不會發生——應該不會。**應該不會**？

「OkCupid？喔……那很好。」我奮力吐出一句話，把叉起的菠菜放下，食欲全失。我開了OkCupid帳號後七天就把它刪了。處理「嘿，寶貝，妳在幹嘛？」這類雪片般飛來的信件，很快就像接下了一份爛透的兼差工作，每天都在跟性愛狂和認真過頭的研究生周旋（自從收到一首熱烈求愛詩之後，我就趕緊收線了。詩句是這麼寫的：「**看見妳的檔案，如在濃密森林裡發現一片空地，沐浴在陽光下閃閃發亮，靜靜滋養著大地，如同五月春回大地**」）。

相反地，傑夫沒關掉OkCupid的帳號。這件事我也知道，他並未隱瞞。他對「離婚後」認識的女人都會發表他的「順其自然論」：**跟妳說一聲，我同時在跟其他人交往，妳也應該自由發展，不用顧慮我**。留著帳號跟他的這套理論一致。雖然他還沒正式對我說過這套理論，但那只是早晚的問題。要命，我不也打算對他說出同樣的話，所以我的脈搏加快又突然愛上毛豆根本沒道理。他對我開誠布公是對我的尊重，雖然我們兩個都不知道自己在做什麼。

「妳還好嗎？」他說，伸手去摸沙拉碗的邊緣，接著上前舔了舔。「妳的臉看起來有點……蒼白。」

「我沒事。」我說謊：「只是有點難。」

「我瞭解。」他緩緩地說：「但我還是想去見她，那或許是值得探索的一條人脈，我不會因為恐懼就拒絕。況且，妳不也跟……」

「我知道，**我知道**。」我說，揮揮手要他別再說了。「我跟別人上床，可是我後悔了，因為這種開放關係比我想像的難多了。我是說，我知道怎麼處理知識上的未知數，但這不一樣。這是身體的事，牽扯到真實的血肉和欲望。我很怕你一碰到更聰明、更性感、更有成就的女人寫信到 OkCupid 給你，你就會拍拍屁股走掉。這種恐懼讓我覺得心虛，我討厭自己的理想跟情感不一致。」

他若有所思地排列皺巴巴的餐巾、用過的鹽包，還有空空的沙拉碗裡的塑膠叉子。「我以為**妳**想試試看這樣的關係。」

「是啊。」我輕聲說：「但想要的東西，大概沒有你想的那麼簡單。」

吃完午餐，我們各自分開。傑夫走了。他豎起了防備，像隻害怕被抓進籠子裡的野狗，退得遠遠的。我在奧斯汀市區摩天大樓的陰影下踱步，醋勁大發。直接從羅曼史小說跳出的荒謬片段，在我腦中一再播放。

我想像傑夫和那個性感的行銷主管共享泰式炒麵特餐。兩人開始討論社交媒體廣告的眉眉角角。然後她坦承她有點寂寞，貼身的絲質上衣開了幾顆鈕釦，露出不那麼女強人的一面，紅到天邊的口紅在餐巾上留下性感的唇印。他們吃完了春捲，她嘟起嘴唇說：「喔！好巧啊，我兩點的會議剛剛取消了。」然後他就猴急地把她帶到便宜的旅館，扯掉她的絲質上衣，鈕釦滾落到地上，把我遠遠拋到腦後。

開房間的想像害我腸胃一緊，而想到放棄這段關係時也是。我還沒準備好退出，至少現在還沒有。恐懼感雖然強烈，但想看這段關係能走到哪裡的渴望更強烈。當天空變成深紫色的時候，我已經站在德州議會大廈前，試圖在幾星期前讓我頭暈目眩的同一顆紅土星星下平復心情。周圍的遊客在大砲景點前拍照留念。旗竿下的泛光燈亮起來。蟋蟀開始唱歌。我的手機響起。是傑夫。**妳在哪裡**？我等了十分鐘才回覆，想讓他以為我**在忙別的事**，然後才猶豫地把星星的照片傳給他。他回我：**我過去了**。

當我終於看見他從街燈下走向我，臉上掛著土狼般的微笑時，我忍不住淚水盈眶。他二話不說就牽起我的手走向幽暗的草皮，拉著我躺在麝香味的草皮上。我哭得稀哩嘩啦，他把我緊緊抱在懷中笑了又笑。一隻對著月亮狂嗥的野狗。他在對這世界狂嗥，再一次要它變出他沒看過的花樣來瞧瞧，最好能把他嚇跑。淚水、歡笑和我們兩人的手腳跟青草纏繞在一起。

「不會有事的。」他輕聲說：「無論如何。」

「我知道。」我說：「我只是害怕受傷。」

‧‧‧

那一晚，我們當然沒有達成任何決定性的結論。傑夫赴了午餐約會，除了吃飯，什麼都沒發生。我的醋意漸漸平息，腦中不再出現令人血壓上升的激動畫面，直到在前往（或說**努力**前往）塞拉耶佛的巴士上看見瑪麗亞。

引擎出過一次狀況之後，每隔十哩巴士就會在半路上熄火。每次車子一晃又停下來，大家不禁屏住呼吸，擔心引擎會不會**從此**罷工，把我們丟在波士尼亞的公路上，而且連尾燈都沒有。不過，司機每次都會想辦法讓引擎活過來。每當車燈再度亮起、車子又搖搖晃晃地向前駛去時，鼓掌叫好聲就會從窗簾幢幢的走道間響起。看見陌生人這樣團結一心，感覺滿好的（當然不包括傑夫和瑪麗亞）。

「你想看我的作品嗎？」她問傑夫。

傑夫熱切地點點頭。「好啊！」

瑪麗亞拿出她的作品集，用陶瓷般的纖細小手往後遞給傑夫，我眼神銳利地盯著傑夫。「明天的考試讓我很緊張。」她坦承：「我已經兩天沒睡了，上車之前還嗑了搖頭丸。」

搖頭丸。難怪她在公車站看天空看到恍神。這也說明了走道對面那兩個油頭粉面、長得像歐洲兄弟會成員的男生，幾分鐘前為什麼偷塞一瓶膠水給她。傑夫翻閱她的作品集時全身一縮，我心裡湧起邪惡的滿足感。瑪麗亞不是卡拉瓦喬（譯按：文藝復興晚期的義大利畫家，開啓巴洛克畫派）。畫冊上有一些似乎用蠟筆上過色的彩繪玻璃圖案、作業的塗鴉，還有一幅黑糊糊的鉛筆「肖像」畫，隱約看得出是一個男人躺在沙發上拿著一個大餐盤，上面擺了一根乾巴巴的胡蘿蔔。**還是他的老二**？

「這是我男朋友。」她害羞地說：「他拿著盤子躺在沙發上，盤子上是他剛捲好的大麻菸。」

「哇，真的有捕捉到他的……**盤子**。」傑夫說，努力憋住不笑。

我以為大麻和胡蘿蔔就此切斷了他對大畫家瑪麗亞的遐想，但接下來他讓我跌破眼鏡。「嘿，妳可以來跟我們擠一擠。」他對她說：「我是說，如果接待妳的人沒出現的話。現在都半夜了，我們可能得隨便找家青年旅館過夜，妳可以睡我們房間。」他轉向我問：「可以吧？」

「嗯……**當然**。」我說，感覺到脈搏開始狂飆。**要淡定，要淡定**。可是我淡定不了。怒火席捲了我。他怎麼敢當著我的面做這種事？

我想像傑夫等我睡著，就偷偷爬上瑪麗亞的床，安安靜靜跟她一夜激情到天明，兩人汗溼的赤裸身體塗滿便宜的顏料。我想像她白皙的手腕繞住他的脖子，她貼在他耳邊呢喃著散發異國情調的法文。那個失去理智的錄音帶又開始播放，一再轟炸我的腦袋。**我看起來那麼狼狽，傑夫當然會想去找別人。他明知道我不舒服也不在乎，因為他只在乎自己。瑪麗亞說不定還會我做夢也想不到的做愛姿勢**。

我想，這個實驗結束了。我想跳下這輛垂死的公車，消失在黑夜裡，遠離砲火肆虐的波士尼亞鄉間，回到奧斯汀，回到我的盆栽身邊，回到我那三百八十五平方呎大、安全而實在的堡壘。我要把心收進去，發誓不再尋找意氣相投的人一起玩什麼實驗了。我準備好了。該閃了。

13 陰陽

我在青年旅社空蕩蕩的房間裡獨自醒來。這間房間有三張床，我睡上鋪，傑夫睡下鋪，但他不知什麼時候就不見了。只有一床皺巴巴的床單證明他曾經存在。沒有紙條，沒有東西，完全不見人影。

我不禁想，這張青年旅社的床鋪是不是為我們這段了不起的未知旅行畫下了句點。或許，傑夫原本就很有限的注意力終於達到了極限，他去尋找閃亮的新玩具去了。也許，他跑去大學校園等瑪麗亞考完試、帶著嗑藥後的迷濛眼神走出來。有可能。昨天半夜一點，快要不行的巴士終於搖搖晃晃開到塞拉耶佛時，她在傑夫的筆記本上草草寫下自己的聯絡方式。不過至少她沒來跟我們一起擠。接待她的人是一名黑髮女大學生，儘管車晚到三小時，她還是在霧濛濛的停車場等她。

「請問妳是瑪麗亞嗎？」我走下公車時她問我。

「喔，不是。」我說：「她在後面。」**拜託妳，把她帶到銀河系之外吧**。

傑夫跟瑪麗亞擁別，我祝她「好運」，語氣聽起來更像是「滾吧，**賤人**」。接著，傑夫轉過頭面對我，邊打呵欠邊說：「我們大概得去住青年旅社了。」

我不敢相信他在打呵欠。他的嘴巴是個大黑洞，裡頭塞滿了對我的視而不見——對我的焦慮視而不見，對我眼睛射出的毒飛鏢視而不見，對他一路上當著我的面跟一個法國美女打情罵俏視而不見。這傢伙根本不在乎。

「嗯，隨便。」我說，暗自在句子後面加上「混蛋」兩個字。

一名叼著香菸的計程車司機，載我們穿過塞拉耶佛霧氣瀰漫的石子路。到了青年旅社，我一聲不吭爬進上鋪，心裡有點希望傑夫會打破石頭般的沉默，但是他沒有。他沒有要上來的意思，我當然也不打算遞出橄欖枝。那是我們第一次晚上分開睡。

隔天早上醒來，我覺得自己像擋風玻璃上被壓扁的蟋蟀，尤其是發現傑夫人不見之後。除了進浴室沖個熱水澡，用青年旅社的小顆象牙肥皂刷洗慘不忍睹的內褲之外，也沒別的事可做。我深深吸進帶有清潔劑味道的乾淨熱氣，好像這樣就能幫我站穩腳。**他會回來嗎？我真的在乎嗎？**

我要出門去，我決定了。我要上街逛一逛，而不是坐在這裡枯等。任何有自尊心的女人都會這麼做。洗完澡，我梳了頭髮，囤積了一些充當衛生棉條的衛生紙，然後把少數家當收進皮包。**錢包**、**牙刷**、**體香劑**。我已經逐漸發展出一套有效率的收納方法，每樣東西都有自己專屬的位置。

當我扣上皮包，往肩上一甩時，門把往右邊轉了一轉。傑夫大搖大擺走進門，手上提著一個塑膠袋，臉上的笑容像向日葵一樣燦爛。

「你回來了……」我困惑地說。

他納悶地看我一眼。「啊不然呢？我帶了禮物給妳！希望妳會喜歡，畢竟我可是花了一整個早上才找到的。」他從塑膠袋裡拿出一包五十片的衛生棉，驕傲地遞給我，好像那是一束玫瑰。「我本來想找衛生棉條，但這裡都沒賣。妳知道後來我怎麼發現的嗎？」

「怎麼發現的？」我輕聲問。

他比出戳洞的猥褻手勢。「我到每家店都比出『衛生棉條』的手勢，結果沒有一家有賣。後來有家店老闆跟我說：『嘿，你要找的是衛生棉條，這裡沒這種東西。』所以囉，我就買了衛生棉。」

「謝謝，你真用心。」我慢慢說出這幾個字。

「以此證明我對妳的愛。有多少男人會為了找衛生棉條走遍塞拉耶佛的大街小巷？」

「大概不是很多。」

我被傑夫的善解人意搞糊塗了。他根本沒有閃人，也沒有追著瑪麗亞到處跑，而是一早就上街幫我買女性用品。要是他只在乎自己，何必那麼大費周章？

「我等不及要帶妳去看看塞拉耶佛。」他說，笑容依舊燦爛，彷彿昨晚的事從沒發生過。「妳會愛上這裡的。」

・・・

傑夫的示好禮物讓我的心情稍微好轉。我盡可能把多一點衛生棉塞進洋裝口袋，然後揚起有氣無力的笑容走出旅社，跟傑夫一起踏進陰沉的早晨。傑夫至少說對了一件事：塞拉耶佛真的會偷走我的心。這座城市是一顆朦朧的寶石，穩坐在蓊鬱陡峭的山丘間，後方就是第拿里阿爾卑斯山的山峰。空氣沁涼清爽。我把披在肩上的圍巾拉緊，跟傑夫一起踏上陡峭的石子路，往塞拉耶佛的古城巴許卡緒亞走去。

一九九〇年代的波士尼亞戰爭和血腥的種族屠殺之前，塞拉耶佛曾經有「歐洲的耶路撒冷」之稱，證明這是一座東正教教堂、清真寺、猶太教會和天主教堂並存的城市，而且全都相隔不遠。儘管有宣傳戰、大屠殺，而且信仰東正教的塞爾維亞人、信仰回教的波士尼亞人和信仰天主教的克羅埃西亞人之間，也存在著巨大的隔閡，塞拉耶佛還是深具找回多元融合的古老傳統的潛力。

這個城市曾經是絲路商人的重要貿易站。當地仍然可見不同文化交會留下的痕跡，例如盤旋於時髦義大利餐廳上方的鄂圖曼圓頂、穆斯林老人低頭喝波士尼亞咖啡的紅磚咖啡屋，不遠處則是當年奧匈帝國大公法蘭茲·斐迪南在車內遇刺的街角。子彈打中他的頸部，他跌落車內地板，那顆子彈在歐洲引起軒然大波，最後演變成第一次世界大戰。

吃早餐之前，我跟傑夫在一座廣場停下來。幾百隻鴿子聚集在塞拉耶佛最具代表性的地標前。那就是塞比列吉，一個幾何形狀、木頭雕刻的鄂圖曼噴泉，頂端的銅皮圓頂常有鴿子駐足，但是經過風吹雨打已經褪成青綠色。根據當地的傳說，只要喝了這個公共噴泉的水，注定會再回到塞拉耶佛。「我們應該在這裡照一人站　邊的照片。」傑夫提議。緊接著，還沒聽我如常抱怨起他硬拉我配合拍攝的幾十張照片　他就一溜煙跑去找人來幫我們拍照。

至少照片很快就拍好了，我們看了看照片。背景是草木叢生的朦朧山丘，還有塞比列吉的青綠色圓頂，傑夫瞇著眼睛站在左邊，我抓著花圍巾站在右邊，臉上掛著陰沉的笑容。

如果更仔細看，就會看見六片白色衛生棉準備從我的洋裝口袋搬演大逃亡的戲碼，但當時我們沒發現。

不過有人發現了，從背後拍拍我的肩膀。是個戴著帽子的佝僂老人，他用乾癟的手指指著噴泉前方的石子路。只見路上散落麵包碎屑般的雪白衛生棉。我驚訝地摀住嘴巴。**這就是沒帶包包的代價！**女性生理用品竟然變成塞拉耶佛代表地標的裝飾品。我難為情地跑過去，慌慌張張地撿起衛生棉塞回皮包，嚇得鴿群振翅亂飛。傑夫邊咯咯笑，邊幫我撿回那些不聽話的衛生棉。

儘管我努力要抓住一絲殘餘的怒火，在這之後要繼續生氣很難。傑夫跑去跟一個吉普賽人模樣、身穿海軍藍長裙、頭綁布巾的女人買了一包鳥飼料，接著就在噴泉廣場上蹦蹦跳跳，開心地將一把又一把黃色玉米撒向腳邊咕咕咕貪心啄食的鴿群。

（看著胖嘟嘟的鴿子無憂無慮在人行道上笨拙地移動，實在很難生氣。鴿子實在不能算是鳥類中的愛因斯坦；牠們是性情溫和、頭腦簡單的鳥類，只要一搖一擺繞著圈圈啄啊啄就開心滿足。看著鴿群生悶氣，就像同時要摸肚子、拍頭、單腳跳一樣，最後一定會失敗，忍不住笑出來。）

雖然我的心情已經好轉到能夠欣賞塞拉耶佛的美景，但瑪麗亞事件給我的挫敗感（還有我們之間的「不設限」關係逐漸浮現的問題）仍然盤據心中。我跟傑夫需要談一談，但同時我們也得右轉，坐上開往克羅埃西亞的杜布羅夫尼克的南下巴士，我們已經訂好明天早上從那裡飛往蘇格蘭的機票。這是傑夫這趟旅行以來第一次捨不得離開一座城市，我也一樣。每次我們都來去匆匆，我很難盡情享受一座城市。但吃過早餐、在巴許卡緒亞的古老巷弄兜了一圈之後，還是到了該離開的時刻，非走不可了。早晨的霧靄甚至還沒散盡，我們便坐上巴士，離開塞拉耶佛。

・・・

我沒有馬上找他算帳。上車後，傑夫戴上耳機，閉上眼睛，所以車子往南穿越赫塞哥維納時，我還有機會整理思緒。窗外的塞拉耶佛山丘漸漸變成深谷，淺綠色的內雷特瓦河夾在峽谷中間蜿蜒流過。我心裡有個部分希望可以跳進玻璃般的水面，避免即將發生的衝突，但我無論如何都躲不掉的。最後我深呼吸，拍拍傑夫的膝蓋。

他摘下耳機，我隱約聽到「偽裝者」樂團那首〈重回苦工行列〉（Back on The Chain Gang）的輕快和聲。「怎樣？」

「我想問你一些事。」我說。

「好……」他說，稍微坐直。

「我想知道昨天晚上是怎麼回事？」

他看著我，搜索腦中的記憶卻不知所以。「昨天晚上？」

「對，昨天晚上在巴士上。」我脫口而出，像在指責。

「在巴士上怎樣？」

「誰都看得出來你多想跟那個三流畫家搭訕。」

「等等！什麼？」他驚訝地問：「妳就是在氣**這件事**？」

「對，不然還有哪件。」我說，努力壓低聲音。「你一路都在跟人家眉來眼去，把我晾在旁邊融化成一攤經血，甚至還邀她來睡我們房間。」

傑夫的嘴角揚起一抹笑，讓我更火大。「讓我先把事情搞清楚。所以妳以為我愛上了瑪麗亞，還想辦法說服她跟我們一起回青年旅社，這樣我們就可以……來場有毒品助興的火辣三P？」

「呃……大概吧。一看就知道你很哈她，別想否認這一點。」

「好吧。」他坦承：「我們走進公車站時，我就注意到她了，我覺得她看起來像個有趣的人。後來她坐到我前面，我心裡就想：嗯~有意思。但講過幾句話之後，那種神祕感就沒了，她不過是一個出身貴族的小文青，想辦法搞清楚綁在她身上的信託基金。」

「所以你沒打算在青年旅社做變態的事？」

「怎麼可能！」他嘟囔：「我是真的覺得她沒地方住很可憐，她一直提起這件事，我才提議她來跟我們擠一下。妳為什麼覺得我會勾搭在公車上認識的女生？」

一股理直氣壯的怒火從我的胸口爆發。「對，我怎麼會那麼想不開？會不會是因為我們之間的一切都定義不清！你一下在海灘上跟我求婚，一下提醒我任何時候任何事都可能發生，所以我只好隨時準備面對『任何事』，但到底會是什麼事，我完全不知道！我們才認識沒多久，我根本不知道你會不會跟一個三流的法國畫家跑掉。你不就跟我這個有精神病前科的人遠走高飛了嗎？」

傑夫的笑容一僵。「喔。」

「對，這個不定義關係的實驗理論上很棒，尤其如果你剛好單身又無牽無掛。但實際上卻讓我覺得自己很脆弱，好像隨時站在懸崖邊。我怎麼知道『想怎樣就怎樣』到頭來會不會感覺糟透了？」

他皺起眉頭：「我們**沒辦法**知道，但我以為『不確定性』就是我們這個實驗的重點。」

「是啊！一開始我也完全贊成，可是……問題是……我沒想到跟你會有這麼強烈的連結。加入 OkCupid 原本只是好玩，不是認真在找對象，可是我們之間卻有種詭異又神奇的緣分。」

「好吧……」他緩緩地說：「所以妳有什麼建議？」

「我不知道我有什麼建議。」我說，感覺有一堆話湧到嘴邊。「我只是丟出一些想法。我不認為自己是『隨心所欲派』的忠實信徒，除非給它更細緻的定義。除非浩瀚的大海上有可以定錨的地方，不然隨心所欲根本不算勇於探索，不過是披上華麗外衣的極端個人主義。我的意思是，大家都那麼熱中於追求個人自由，但我們想要的到底是什麼？如果我們從不把這份自由延伸到自身之外，如果這份自由無法深化人的價值和人與人之間的連結，那又有什麼意義？」

「OK。那麼妳認為那個錨是什麼？」他若有所思地問。

「這麼說吧，現在我跟你一起坐在波士尼亞的巴士上，所以顯然我相信人應該跟隨內心那股牽引的力量。但是我認為，在這之外也要考慮自己的決定對別人的幸福造成的影響。」

「所以，基本上就是一種自覺是嗎？」他說，努力跟上我混亂的思緒。

「大概吧。」我說：「你想想，對你掏心掏肺對我來說簡直是豁出去。這樣完全不設防，同時又不對你抱著期待是一件很危險的事，如果你不把我當一回事，我又何必跟焦慮、嫉妒和脆弱搏鬥？如果我一走出房間，你就忘記我的臉，我何必要對你敞開心房？外面的世界那麼五光十色，我幹嘛自找苦吃。」

「嗯。」他沉吟道。

「還有，你一開始就表明你需要很大程度的自由，才覺得自己處於最佳狀態。我尊重你的想法，但我也有我的需求，而且跟你的一樣值得尊重。對你來說，不去定義彼此的關係或許沒什麼，但對我來說卻很難。我需要你瞭解，我把自己徹底攤開來，這個暴露脆弱的舉動需要你的尊重。如果你做不到，那麼這段旅程雖然好玩，我想我還是不玩了。」

當前往杜布羅夫尼克的公車開上克羅埃西亞的蔚藍海岸時，我的獨白終於結束。這番慷慨陳詞把我自己嚇了一跳。這是我康復後第一次表達自己的新體悟：**我雖然勇敢，但不是毫無界線**。重回正常生活之後，我對生命充滿飢渴。我奪門而出、撞爛了自己的車、辭掉工作、跟傑夫一起坐上飛機。這一切都是因為我隱隱覺得，這種嶄新、豪邁的輕盈感，會讓我暫時跳脫日常生活的試煉，就像飛機在不停湧動的積雲之上滑翔。如果生命的每一刻都能無縫接軌，這世界上誰還需要界線？

然而，前一刻還覺得自己無限寬廣，下一刻卻妒火中燒，讓我不知如何是好。這種脆弱的感覺、這種對界線的全新渴望到底是什麼？新訊息下載錯誤！

我沒有說明書，沒有指點迷津的智者，也不知道蛻變之路少不了重返平凡世界的漸進過程。在深淵裡打滾了兩年，我有的都是得來不易的體悟。頓悟！重生！雖然令人振奮，但這一切還沒有真正落幕。走出深淵之後，我還必須重返世界。

內在覺醒的那種強度不可能永遠保持不變。在一個活在血肉之軀裡，必須按時倒垃圾、用完整句子溝通、維持人際關係的世界來說，那種覺悟太刺眼、太血淋淋、太強大。所以你必須帶著裝在瓶子裡的「覺醒」，慢慢地、漸漸地重回世界，帶著這瓶萬能特效藥前往洗衣店、機場安檢隊伍、街角的商店、辦公隔間。

重回日常生活，不代表過去的我歷經神祕核爆，已經毀滅；也不表示我像蛇褪皮般，褪去對保護界線的需求。我還是那個敏感的我，努力釐清心裡的疑問，在跳下懸崖和尋找庇護之間求得平衡；努力把我的萬能特效藥裝進瓶子帶回家。沒人告訴過你，重返世界之路如此崎嶇難行。

・・・

「妳這些話在腦袋裡醞釀多久了？」傑夫問。他從頭到尾耐心聽我說完，等到換他說話時，我突然害羞起來。

「有一陣子了。」我難為情地說：「好吧，有幾個禮拜了。」

「天啊，幸好妳終於爆發，把心裡的話說出來。其實妳不是第一個說我難搞的女人。」

「用膝蓋想也知道。」

「聽我說，跟我交往永遠少不了某種程度的不確定性，但我希望妳知道，我尊重妳，也尊重我們想做的這件事。還有，這趟暴走旅行雖然是我提議的，但是我絕對沒有妳想的那麼隨性、那麼不按牌理出牌。」

「喔，是嗎？」我懷疑地問。

「是的。」他望著窗外的蔚藍海岸，猶豫不決地玩著筆記本上的鬆緊帶。「我還沒跟妳說，其實我們認識之後，我跟以前交往的女性都沒再聯絡了。我們之間有些特別的東西，我很想知道我們會走到哪裡，即使過程很難，很令人困惑，而且妳還以為我想找個吸膠的女生一起玩三Ｐ。」

這個告白停在半空中，把我嚇住了，半天回不過神來。自由不羈的傑夫竟然承認他自斷約女生出去的機會，這簡直和發誓不再碰酒一樣，是意義重大的決定。我完全不知道他默默思考著一段關係或許會擴大自由而非壓迫自由的渺小可能。雖然他沒完全接納，但至少保持開放的態度。

這番告白讓我怒氣全消，把手腕纖細的瑪麗亞完全拋在腦後。我深呼吸，直視他的眼睛：「如果我說我不想知道我們會走到哪裡，就是在說謊。但可恨的是，有時候你讓我好想逃。」

「妳可以逃。」傑夫說，伸過手來摟住我，這時巴士正好沿著海岸急轉彎。「可是妳要擺脫我沒那麼容易。我們現在已經難分難捨了，就算妳真的逃走，我們最終還是會在某棵橡樹下相遇。」

14 暴風雨後的平靜

克羅埃西亞的杜布羅夫尼克是情緒暴風雨之後的平靜，不過是一種獨特的平靜。這座海港城市素有「亞得里亞海的珍珠」之稱，無論是停靠在外郊的大型遊輪，或是把一批批英國人和北歐人送來的易捷航空，都發現了它的魅力。這些缺乏褪黑激素的觀光客，渴望棕櫚樹和地中海溫暖氣候，想像這裡的義大利冰淇淋口味跟街上的 Ralph Lauren 粉色馬球衫一樣多。

這城市的魅力不難發現。杜布羅夫尼克的古城是童話般的中世紀堡壘，蹲踞在達爾馬提亞海岸的碧藍水面上。從周圍的山丘上看過去，古城就像 簇被角樓和石牆圈住的紅磚鳥巢。杜布羅夫尼克跟塞拉耶佛一樣，都在巴爾幹戰爭中飽受戰火侵襲，但南斯拉夫人民軍長達八個月的圍城留至今日的唯一痕跡，只有紅磚瓦屋頂上的亮橘色補靪。

然而，只要把鏡頭拉近，又是全然不同的體驗。「好驚人的一段路。」傑夫說。我們越過了護城河似的城堡橋梁，走進舊城門氣勢宏偉的石牆入口。

「好像中世紀版的迪士尼樂園。」我說。一點也不假。主要道路擠滿了吃義式冰淇淋和忙自拍的觀光客，但不是跟米老鼠自拍，而是跟走在人群中、文藝復興時代打扮的古裝藝人。跟迪士尼不同的是，杜布羅夫尼克沒有虛假的建築門面和塑膠岩石，石縫裡也沒有暗藏宣傳紀念品店的擴音器。放眼望去，乾淨整齊的廣場、從怪獸滴水嘴噴出泉水的石頭噴泉、道明會修道院的哥德式長廊、聖布萊斯教堂的巴洛克式華麗雕飾，一切都是當年杜布羅夫尼克跟威尼斯和安科納等繁榮海港齊名時，留下的驕傲歷史痕跡。

我跟傑夫都直覺地避開擁擠的盧札廣場。有支樂團正在為一年一度的杜布羅夫尼克夏日慶典的開場彩排。我們沒跟人湊熱鬧，反而跑上有如血管在地上縱橫交織的狹小階梯，穿過一層又一層滿布石頭別墅和樹木扶疏的小巷。所有階梯最後都通到厚重的堡壘石牆，我們就在那裡停下來：在一座角樓底下，遠離廣場的喧鬧，俯瞰一大片紅色屋頂和更後方的湛藍大海。菸屁股和空瓶罐散落一地，躲到這裡痛快喝酒看夜景一定很棒。這裡不像觀光客的景點，比較像私房約會地點。

傑夫把牛仔帽擱在階梯上，我們在角樓下鑽進彼此懷中，兩人都沒說話，其實也無需言語。因為一輛破巴士所行的奇蹟，我們之間的聯繫在過去二十四小時內非但沒有崩解，反而還加深了。所有不確定和危險都層層剝落之後，我們還有一個充滿可能性的堅實果核。我不知道這個果核會長出什麼（如果會長的話），但這一刻是如此的美妙。我覺得安全又溫暖，暴風雨過去了。

在德州，烏雲密布的夏季大雷雨過後，總會出現只應天上有的寧靜時刻。那一刻，大地徹底平靜下來，草皮含著水珠，閃閃發亮。空氣悶悶的，帶著潮溼泥土的鐵腥味。奄奄一息的樹枝躺在街上，旁邊是雨水積成的水窪和被水淹死的細長蚯蚓。小溪經過洪水的侵襲，野生甘蔗整個彎到水面上，骯髒的飲料瓶罐和破爛的巧克力包裝紙散落水面。不過，最驚人的還是高掛在雨後世界上方的那片清澈藍天。天空如此地平靜祥和，就算你懷疑暴風雨是否真的來過，也情有可原。

經過將近兩年的精神暴風雨，我也漸漸認識了這種藍天白雲的平靜。只要你掉到絕望的盡頭，自然就會看見。徹底絕望是一件有趣的事，你很容易在裡頭迷路，但走投無路也會讓你得到解脫。在《少年Pi的奇幻漂流》裡，名叫Pi的少年乘著救生艇在海上漂流，唯一的同伴是一頭重達四百五十磅的孟加拉虎。他算了算自己的存活機率（不怎麼樂觀），之後他說：「你或許以為那一刻我失去了所有的希望。沒錯，我是失去了希望，但也因為這樣我又振作起來，覺得好多了。」

我也有我的孟加拉虎時刻。那是一個炎熱的八月下午，我癱倒在房間的地毯上，經過好多個月的絕望掙扎，我想我已經窮途末路，沒藥救了。我不在乎自己是不是正常。如果我真的瘋了，那好吧，我會盡我所能變成最好的瘋女人。如果我活著的每一天都甩不掉焦慮，那好吧，我可以跟恐懼和平相處。如果我這輩子除了花生醬三明治之外什麼都不吃，那好吧，我就在家裡瘋狂囤積吉夫牌粗粒花生醬。如果我在有生之年對世界萬物一件也無法確定，好吧，我就繼續懵懵懂懂過日子。重點是，無論那個揮之不去的恐懼是什麼，我都不再對抗它了。我高高舉起白旗投降。我決定放手。

放手就表示放棄追尋意義的聖杯。我還是不知道存在的意義是什麼。上下求索之後，我還是沒找到早上起床的強烈動機。我打算就這樣無知地往前走。如果天空中有個偉大的奧茲國王等著我去完成偉大的任務，證明我值得呼吸、證明我身為人的根本價值，那麼他也只能勉強接納我這個嘴巴有花生醬味道的瘋女人。

如果我餘生能做的事只有善待別人、整理檔案、坐在長椅上看草木生長，那也就足夠了。非足夠不可。我算過，跟（看似）平凡無奇過完一生的芸芸眾生比起來，真正立下豐功偉業的人少之又少。我太習慣把那樣的人生看作失敗，或許其實不然。那些看似平凡的生命，或許也有值得讚頌的地方；或許有些深刻的、日常的魔法跟豐功偉業無關；或許看似無關緊要的推特文章也可以千古流傳。

一開始沒什麼改變。我跟以前一樣，徬徨無助地在空洞的生活中飄蕩，白天焦躁地處理文書工作，晚上在廚房餐桌旁胡亂寫下零星的詩句，拿起面紙盒上一片又一片的花生醬三明治往嘴裡塞。我想大概就這樣了。

然而，當我徹底跟焦慮、單調的文書工作、李子果醬投降之後，有什麼東西開始加快了腳步。我就像在亞利桑那州奶奶家後院的那些仙人掌。尖尖的綠色花苞大如拇指，隨著晨曦緩緩展開，透出一絲綠意以及裡頭黃澄澄的花瓣。花瓣從來不是一次全部展開，而是靜靜地、慢慢地，經過幾天才開放。仙人掌花苞的堅硬外殼，逐漸軟化成一團粉嫩的小花，最後開展成一整串渴望陽光的花瓣。

我的開展過程從「以靜制動」起步。沒有逃離恐懼，也沒有用空手道劈斷空虛，我只是在門口鋪了一張腳踏墊。如果我終究會瘋掉，不如跟「瘋狂」混熟。我為各方怪物大開家門，而且來者不拒。我坐下來呼氣、吸氣，有時一坐就好幾小時，看著尖角、利爪和飢渴的雙顎從我眼前掠過，隱形人對著我的脖子呼出熱氣。

一開始，我常覺得自己必死無疑，但過了一段時間，我漸漸發現身體感受的恐懼、憤怒和寂寞看似致命，實際上卻無法活活把我吞沒。只要我這口氣撐得夠久，所有感覺終究會過去，轉化成不一樣的東西。有時候，空虛的狂潮害我衝進廁所，蹲在馬桶前乾嘔，但我也只是擦乾嘴巴坐回位子，繼續呼吸。我提醒自己：**來者不拒**。

幾個月後，我對陰影的態度開始軟化。與其說它們是可怕的怪物，其實它們更像困在我體內的痛苦能量。焦慮蜷縮在我的內臟之中；空虛沿著我顯露在外的脊椎存活；憤怒棲息在我緊繃的肩膀和顎骨中。痛苦就坐在那裡，等待著機會，但不是被壓下去就是藏起來。我從來沒有給痛苦一個離開的機會——直到現在。

如果說黑暗跟我的想像不同，那麼其他事也一樣。到了夏天的尾巴，我對一切事物的認知從我的腦袋飛撲而出，有如成群出洞的墨西哥無尾蝙蝠（夏天的傍晚，牠們每天都會從奧斯汀國會橋下的蝙蝠洞飛出來捕食蚊子，吃掉的蚊子相當於自己的體重）。我把自己的腦袋清空，放掉自己對世界的既定認知。恐懼是什麼？話說回來，洗髮精是什麼？櫻桃軟糖聖代又是什麼？我的腦袋像一張白紙。

當公寓窗外的胡桃木開始轉黃、掉葉之際，我覺得自己宛如擁有二十歲肉身的新生兒。突然間，活著的狀態既不好也不壞，只是對這世界充滿好奇。在一個短暫停留的軀體裡出生是多麼奇怪的事！難道沒有其他人覺得這個屁股、鼻毛、膽管、骨髓組合而成的肉體，有點不可思議、有點好笑嗎？

困在一百一十億具肉體的其中之一，在一個四十五億年前爆炸的星球裡東奔西忙、汲汲追求眼前的各種事物，例如火熱的性愛、童話般的愛情、下一餐、開悟得道、豪華汽車的頭期款、世界和平、手機通話時間、夢幻別墅、六塊肌、環境衛生等等。有感知能力不是一件神奇的事嗎？可以感覺到愛、恐懼和飛上天的喜悅，不也是嗎？

這份好奇心很快就變成對世界的讚嘆。或許我無法瞭解日身生命的意義，但光是能意識到世界萬物就夠驚人了（感官知覺的勝利！）。早上開始工作之前，我會在套房裡走來走去，瞇著眼睛沐浴在陽光下，被再簡單不過的事物震撼。覆盆子表皮鮮紅多汁的小凸起、絲襪上那有如立體派傑作的幾何形破洞、呷一口熱茶時不小心被燙到的驚嚇感覺。小小的感受在我的體內激起一波波驚奇的漣漪。我想去買噴漆，把華茲華斯的詩句塗滿奧斯汀的大街小巷。「這世界，還有所有尋常景象，在我眼中都彷彿披上神聖的光芒！」

最後，全身是刺的仙人掌綻放滿滿的金色花朵，我的飢餓感回來了。這麼久以來，我第一次感覺到食欲。奶油烤大蒜的香氣讓我的嘴巴分泌唾液，而不是乾到想吐。我想吃雞肉辣醬玉米餅佐墨西哥酸醬、鋪上生魚片或橘紅色飛魚卵的酪梨壽司捲、層層堆疊的巧克力醬蛋糕，還有包了馬鈴薯、莎莎醬和起司的早餐玉米餅。我的臀部和大腿漸漸豐滿，眼睛裡的光芒也回來了。花生醬和果醬逐漸移居到冰箱後方。我正在重回自己這副身軀中。

二〇一三年一月一日，我舉白旗投降之後六個月，天還沒亮我就醒來，靜靜躺在棉被底下，看著黑暗緩緩轉為灰濛日光。不需要有人告訴我，因為我體內的每個細胞都在高唱：**黑暗的日子結束了**。我完成了，我自由了。不但如此，我甚至比崩潰之前更充滿活力。

沒有驚天動地的神啟，沒有聖經裡說的燃燒的荊棘，也沒有天使的勝利合唱。如果真要說什麼，那也只是我再也不想去解決一個無解的謎題，我只想跟它和平共處。生命的意義不是一個可以用網子捕捉，然後貼上標籤、釘上木板的知識性概念，而是一種實際的行動，一個日新又新的持續探索過程。它也是一個決定。儘管必須面對混亂、脆弱，也要勇於探索的決定。就算不能保證人生有意義，或人生到頭自有收穫，也願意選擇投身於這世界。

我跟所有人一樣，還是會面臨許多不確定，還是想不透無辜的人為什麼會有悲慘的遭遇，早上醒來有時也還是充滿了焦慮。我還是會反射性地想尋找最終的答案，還是會嚮往女主角坐著馬車、迎向閃亮地平線的快樂結局。但無論如何，我終於準備好離開我的洞穴。

我完全豁出去了，即使那意味著跌倒、迷路、一團混亂。

三個多月以後，在三月二十五日這天，我第一次登入OkCupid網站。填完個人檔案才過十五分鐘，我就對一個繫著墨西哥街頭樂隊戴的大領結、咧嘴嘻笑的科學家發出訊息：**親愛的帳棚先生：真巧，戴奧吉尼斯剛好是我最喜歡的古希臘男人**。

・・・

我豁出去了。當初傑夫在奧斯汀邀我一起展開冒險時，這就是我對他說的話。一路走來，跌倒、迷路、一團混亂，我都經歷過了，但也有意想不到卻貨真價實的成就感。新信念逼著我放下空想，走出知識領域的安全網，投入每一個真實的當下。在布達佩斯外郊鉤破洋裝時，我確實跌倒了。而且一離開休士頓，我就真的迷路了。一路上，我的身體又黏又溼，滿身是汗，無論是前往杜布羅夫尼克的二十三小時巴士之旅，還是在克羅埃西亞邊境搭便車，甚至此刻當我們跳下杜布羅夫尼克的石階，循著管弦樂團轟隆隆的定音鼓聲走回盧札廣場，我同樣一身狼狽。

我抓住傑夫的手：「不是我想破壞氣氛，但我的內褲感覺有點詭異。我想我需要找廁所，馬上。」走上角樓時，我的月經已經擴大成緊急的衛生狀況。這是一種傑夫永遠不需要擔心的混亂狀況。在家時，月經來就夠你受了，旅途中更是一大噩夢。在極簡風格的流浪旅程中，傑夫永遠不需要摸摸褲子後面，確認經血沒把褲子弄髒。青春期以來，我就無奈地丟掉一堆堆染血的衣服和床單，我的洋裝正面臨被染色的危險。

「妳還可以走到廣場嗎？」傑夫擔憂地問。

「應該可以。」

廣場的音樂震耳欲聾。遊客圍著管弦樂團，舉起手機記錄這場盛會。傑夫伸長脖子，環顧廣場一圈。「呃……我沒看到公共廁所，要找餐廳嗎？」

「我想……呃……那樣會來不及。」

腰部以下的狀況已經愈來愈慘烈。我想維持基本社交禮儀的希望正快速瓦解，現在我只希望避免自己看起來像街頭槍戰中死得很慘的那一方。**該怎麼辦**？

情急之下，我選中了噴泉。階梯式的小歐諾佛里歐噴泉是這裡的著名地標，半嵌在盧札廣場其中一個大理石壁龕內。對面就是聖布萊斯教堂，擁擠的管弦樂團正在那裡用威爾第的輕短旋律暖身。教堂的頂端，聖布萊斯本人（梳羊毛工的守護者）俯瞰著川流不息的口渴遊客停在噴泉的怪獸噴水嘴前裝水，順便偷喝一口清涼的泉水。

「我需要你幫我把風。」我對傑夫說。

「為什麼？妳要幹嘛？」他問。

「我要做一件艾蜜莉・普斯特（Emily Post，譯按：美國著名的禮儀作家）**絕對不會**認同的事。」

我偷偷溜進噴泉和壁龕牆壁之間腳掌大小的狹小空間裡。我不是愛出鋒頭的人，但是在五百名觀光客、梳羊毛工的大鬍子守護神，還有一支正在排練華格納歌劇《崔斯坦和伊索德》的管弦樂團面前，鬼鬼祟祟更換血淋淋的衛生棉，卻有種奇怪的刺激感。

傑夫應該站在噴泉旁幫我把風才對，可是我抬起頭時，卻發現他拿著手機，露出無恥的奸笑。

「不准你拍我。」我噓聲說。

「相信我，」他說：「妳會想記住這一刻的。」

「你要是敢給別人看，我保證會告訴你的朋友你的第一次發生在高爾夫球場上，而且被她爸逮個正著。」

「別忘了說是大半夜在標準五桿第八洞的球道上。」

「**沒有任何事**讓你害臊嗎？」我問。

「好像沒有。」

午後的幾滴雨落在盧札廣場的大理石地板上，管弦樂團驚呼連連。指揮的指揮棒停在半空中，混亂四起。不出幾秒，小提琴、大提琴和法國號一陣慌張，四處尋找掩護。幾個瘦巴巴的男生抬起鋼琴走下階梯，有個媽媽模樣的女人在旁邊厲聲呼喝，不用翻譯也知道她在說：「**小心點！不要太快！**」這是個難得的機會。我捲起換下的衛生棉握在手心裡，像一名忍者從噴泉後面不著痕跡地走出來。

「任務完成。」我宣布。

「像個不折不扣的政治人物。」傑夫說：「等到一片混亂，才神不知鬼不覺通過法案。」

・・・

那天晚上，我們在十哩外的查夫塔特落腳。那是個月灣環抱的濱海寧靜小村落。當地人告訴我們，這個小村子是比較寧靜小巧的杜布羅夫尼克，但一走下巴士，迎面而來的同樣是精品旅館、高級餐館、Ralph Lauren 馬球衫的熟悉景象。我們還沒找到過夜的地方，但是當傑夫提議沿著漆黑的海岸散步、看看有什麼發現時，我第一次毫不猶豫就說好。

我們才走上木棧道沒多久，就有個女人叫住我們。「你們從哪裡來？」她看著傑夫的帽子問。傑夫說我們從奈及利亞來。她哈哈笑，說她名叫瑪麗娜，是查夫塔特的當地居民，正要關店回家。她不是要跟我們推銷東西，只是想在輪完班的回家路上有人作伴。她拿出她女兒的照片給我們看，還拿南斯拉夫前獨裁者鐵托開了幾句玩笑。

「你們今天晚上要睡哪？」她問我們。

「老實說，還不知道。」傑夫說。

「真的？」她一臉驚訝。「我先生認識這條路過去不遠的一家小旅社老闆。要我打電話問嗎？」

「好啊，有何不可？」我說。

瑪麗娜撥了通電話，然後關上店門，帶我們從木棧道走到一家樓上有房間的濱海酒吧。房間裡有一張大床、天鵝絨被、大淋浴間、面海的陽台，而且價錢比兩張電影票加一桶爆米花還便宜。

「這個房間可以嗎？」瑪麗娜問。

「太棒了！完美無缺。」我笑著說。

「看吧，就這樣搞定了。」傑夫一臉笑意。

15 人到中年

我們在杜布羅夫尼克機場美食區的白色塑膠桌前，展開這趟實驗之旅的最後階段。還有半小時我們就要飛往蘇格蘭，傑夫趁著空檔拿出筆記本，翻到空白的一頁。該對這次的實驗再做一次評估了。昨晚在海邊旅社，傑夫又把我們的東西整整齊齊排在床上做最後一次紀錄。「新收穫」那堆有：四張聖索菲亞大教堂的明信片、好幾片衛生棉、各國零錢，還有我在雅典堅持要買的一小條牙膏。「失物」那堆有：一張巴爾幹半島的地圖，還有一條我們不小心忘在布達佩斯水煙餐廳的轉接器。

「得到一些，失去一些。」傑夫沉吟道：「不過我必須說，妳聽從了內在囤積狂的話，買了**四張**明信片。」

「等著瞧。」我說，伸手去捶他的肩膀。「回到家之後，你的朋友不會問我三個禮拜沒行李怎麼活得了，而是會問我三個禮拜**跟你黏在一起**我怎麼活得了。」

「是啊，我很確定他們此時此刻就在收集紅衣主教的票數，請求教宗把妳封為聖徒。不過說真的，妳覺得呢？不帶行李旅行很讚吧？」

「你知道嗎？」我說：「真的很不可思議。」

不帶行李去旅行，從不怕死的放手一搏，成了隨性的補充說明。抵達雅典的時候，我已經完全適應兩手空空的感覺。地中海的夏季氣候對我們的服裝完全不構成威脅，再加上我們來去匆匆，除了沙發主人，根本沒人發現我們一套衣服走四方的祕訣。十八天走過七個國家，橫越一千七百哩路，極簡旅行的最大祕訣（至少在土耳其和東歐），大概可以濃縮成下列幾樣東西：水和肥皂、一雙耐操的鞋子，還有偶爾連上WiFi。

不過讓我吃驚的，不是沒帶笨重背包也能存活，而是原本塞滿行囊和計畫的大片空白起了神奇的變化。我很驚訝當我不再擔心東西會不會被扒、能不能準時到訂好的旅館報到、有沒有按照仔細規畫的行程走，自己的五官竟然變得如此敏銳。規畫行程沒什麼不對，但發現自己有這麼大的彈性，讓我很有成就感。

一早起床、把牙刷丟進皮包就能頭也不回地走出門的無拘無束感，也讓我覺得吃驚（每個人在生命中的某個時刻不都有過這樣的衝動？到現在，我媽還會說，在養大五個小孩的辛苦過程中，她偶爾會想像自己跳上車、開上三十五號州際公路，往北一路開到加拿大，重溫當年的搭便車之旅）。

我也很驚訝把自己交給當下竟然沒有悲慘收場，反而展開不可思議的冒險旅程。等我老了住進養老院，餵我吃藥的護士可能會說：「又是咱們的班森女士啦……老愛說她只穿一件洋裝就跟一個以垃圾箱為家的科學家一起環遊世界的『往事』。」

・・・

親友都很怕我們一抵達冷颼颼的蘇格蘭荒野就有失溫的危險。但我們的飛機在愛丁堡降落時，剛好碰到當地一年中最熱的幾天。坐接駁車從機場前往愛丁堡市區的路上，藍天耀眼，難得的好天氣！七年前，我跟我媽從倫敦到伊凡尼斯的那段旅程中，連一小片藍天都難得見到。那次低預算之旅一來是為了慶祝我高中畢業，二來也算延續我們家族的傳統。那項傳統至今仍可在我們家的人身上看見，例如我哥的紅棕色大鬍子、我奶奶的蘇格蘭姓氏，還有我們兄弟姐妹都有的一口亂牙。

當時還是少女的我，立刻喜歡上蘇格蘭人。他們比英格蘭人粗獷。蘇格蘭有一絲煎餅和伯爵紅茶都無法全然抹平的魯蛇調調。從遍地野石南的高地到清澈如鏡的海灣，蘇格蘭的所有景致在我十七歲第一次踏上這片土地時，就令我覺得熟悉到不可思議，彷彿是烙印在我DNA裡的一段記憶。

從機場接駁車的窗戶看出去，愛丁堡城堡跟我記憶中一模一樣：一座有點不祥的石頭堡壘，遠看彷彿直接從占據愛丁堡天際的黑色火山玄武岩丘拔地而起。城堡岩打下的陰影後方就是公主街花園，長滿青苔的草皮鋪滿了野餐墊，好多蒼白的人影躺在午後二十度溫暖舒服的陽光下做日光浴。這也證明了蘇格蘭某個喜劇演員的諷刺笑話不假：蘇格蘭只有兩種季節──六月和冬天。

傑夫的博士論文指導教授傑米，住在愛丁堡的港口區利斯。那是勞工階級住宅區，曾經是靠蘇格蘭福斯河的寬闊河口維生的造船工、漁夫和捕鯨人的家。二次大戰後，這一區成了聲名不佳的紅燈區。到了一九八〇年代，貧民窟漸漸被新建的光鮮住宅區、酒吧，還有隱隱讓人想起往日污名的時髦餐廳所取代。

「熟悉的老英國都回來了。」傑夫說。我們沿著一長排新古典主義風格的冷峻建築物漫步，每棟房子都由同樣的煤渣磚砌成，有如狄更斯小說的場景。「我們熟悉這個城市，語言又通，而且也安排好今天過夜的地方。幾乎有點太容易了。」傑夫說，口氣還真有些遺憾。

在前往傑米和薇琪家的路上，傑夫為我介紹他們的基本資料。「傑米超級優秀。他是愛丁堡大學最年輕的正教授之一，出版的作品比某些學系整個加起來還多，人很犀利、很安靜，也很英國，總之就是深藏不露。薇琪是他太太，她是博物館策展人，妳很難遇到像她這樣絕頂聰明的人。」他輕快地走在人行道上，很期待跟老朋友相聚。「還有什麼？我想想……他們有一個寶寶，傑夫叔叔最後可能會變成保母，因為兩個禮拜後，薇琪的肚子又要蹦出一個。」

傑米和薇琪住在靜謐的巷弄內。他們家是磚造的排屋，玻璃窗格，藍灰色大門，傑米很快就來開門。他跟傑夫形容的一模一樣：典型的學者模樣，高大、嚴肅、含蓄，或許有點不習慣傑夫一踏進門就往他身上撲過去的熊抱。

「妳跟傑佛森旅行還能存活下來，佩服佩服。」傑米冷冷地說，一邊拍著傑夫的背（傑米或薇琪都不直呼傑夫的本名；傑米用**很**英國的方式叫他「傑佛森」，薇琪則叫他「小傑」）。

我笑著說：「從指導他論文四年的人口中聽到這句話，是很大的讚美。」

「我們何不去花園裡聊？」傑米提議：「薇琪去產檢，晚一點就回來了。」

傑米帶我們走去後花園，他岳母跟天使般的金髮兒子坐在花園裡。花園彷彿直接從莫內的畫裡移植出來。灑滿陽光的桌子周圍是豌豆藤、粉紅波斯菊和一棵枝葉茂盛的李子樹。傑米在桌上擺了起司拼盤，還開了幾罐啤酒。「太棒了。」我不禁讚嘆。

雖然寧靜而美好，這麼家居的一幕卻讓傑夫有點侷促不安。他跟傑米交換這幾年的近況時，右腳膝蓋不由自主地抖了起來。兩人都沒看過對方為人父的一面，接著便交換起看著孩子出生、生活因為小孩全然改觀的心得，還有最近的學術圈八卦。彼此的經驗有些重複，但也有不同的地方。傑夫偷偷以辦公室為家，傑米和薇琪則坐擁舒適的兩房住宅，還有可愛的寶寶、幫忙帶孫子的岳母、穩定的終身職、起司拼盤、橫過花園的白色曬衣繩等等。在傑夫眼中，這些家庭生活的標記，在在提醒著他嚮往卻選擇不去追求的標準中年生活。這個選擇讓他解脫，偶爾卻也讓他感到愧疚（這個另類選擇會對西碧造成什麼影響？他可以勇敢去冒險，同時做個好父親嗎？）。

我們還在OkCupid上通信時，傑夫就對我提過「中年」這個概念。他是從《成名在望》

（*Almost Famous*）這部影片得到的心得。片中由菲利普．霍夫曼飾演的資深搖滾雜誌記者，話中帶刺地問一名雄心壯志、年僅十五歲的音樂雜誌記者，他在學校是不是風雲人物。這個名叫威廉．米勒的少年坦承同學都討厭他，老鳥記者安慰他說：「在邁向中年的漫長旅途中，你還會再碰到這群人。」

傑夫很怕想像中的「中年」世界。他害怕人到中年會自鳴得意地放慢引擎，漸漸安於事事可預測的穩定生活，把風險和探索都擱在一邊，一切以安全和穩定為考量。他不想像賈伯斯引用過的那句印度諺語一樣：「人生的前三十年是你造就習慣，後三十年是習慣造就你。」

然而，另一方面他也承認，穩定的中年生活是現代生活自然造就的結果。安定下來、養成固定的習慣有實際的好處。而房屋貸款、管理職、退休帳戶、兒女和高昂的大學學費等等，都跟出乎意料的驚喜幾乎扯不上邊。他不是對「正常生活」（或花園、寶寶、起司拼盤）有意見，只是無法過著那種生活，卻不覺得自己像軟骨功藝人一樣，拚命把自己塞進櫃子裡。

對他來說，缺少驚喜的生活就像嚴重缺乏維他命，甚至更糟，就像拿破崙被流放到溼氣厚重的聖赫勒拿島，忍受漫長苦悶（甚至致命）的幽閉生活。他活著，就是要體驗意外的情節轉折、一百八十度的急轉彎，也心甘情願投入大膽刺激、放手一搏的實驗，以免有天屈服於習慣的力量。

「欸，住在普通房子裡養小孩，不一定就會把你放逐到『中年』啊，是不是？」我有時會笑他。「很多人的信件也沒送到垃圾箱改成的房子，還是一樣保有好奇心。」潛台詞是：**愛上一個人，維持一段關係，不一定要改變你本來的模樣**。

這些他都同意，但只要是讓他想起穩定家庭生活的事物，仍會觸動他體內的警鈴。他放棄了一段美滿的婚姻、一個跟女兒和前妻同住六年的家，而且他在大學有份穩定的工作，還發表過不少嚴肅的學術論文。現在他正在摸索怎麼平衡自己對自由的渴望，以及照顧六歲女兒（她眼中閃爍著我常在傑夫眼中看到的古靈精怪）的責任。

傑夫毫不保留地愛她，週末會抓住每個機會表達對她的愛，但他對**父親**的身分認同有所保留，就像他無法全然認同**男朋友**或**教授**的身分。他對「標籤」很反感，長久以來都在他擁有的每個標籤貼上黑色膠帶，包括 Volvo 標誌、North Face 的毛衣，還有塞滿他全部家當的 Patagonia 背包。任何標籤都太接近他認知裡的「中年」。

・・・

傑米在一旁對兒童游泳池裡的兒子潑水時，傑夫的侷促不安也轉移到我身上。我對家居生活和婚戒的想像終究都會指向**未來**。我們的未來。這趟驚險刺激的旅程把我的心思填滿，我根本沒時間停下來想：再過幾天，這趟旅行就結束了。

考慮到這個實驗的種種變數，我跟傑夫事先就擬好了B計畫，以免我們中途放棄、分手，或是發現我們當初判斷錯誤，再也受不了看到對方。我們決定，要是那樣就各走各的，不要互相傷害，也不要鬧翻。但人算不如天算，我們那麼小心預防計畫生變，卻忘了考慮，要是我們比原本設想得還順利完成這趟荒謬探險，該怎麼辦？我們沒有重返現實生活的策略。我們是情侶嗎？難道感情狀態還是得勾選「其他」？傑夫可以繼續像唐吉訶德一樣追求驚喜，一邊維持長遠的關係嗎？我在尋找認真的關係嗎？**天啊**，我真的辭掉工作了嗎？

我焦慮到腸子都絞在一起，玫瑰花和強烈的起司味讓我頭昏。花園柵欄似乎就要壓在我身上，我需要出去透透氣。「失陪一下。」我說，突然站起來。「我出去走走。」

「要我陪妳去嗎？」傑夫問，察覺到不對勁。

「不，不用。」我說：「我很快就回來。」

「反正我們哪都不會去。」傑米開玩笑地說。

我走出花園，不確定該往哪走，只知道跟往常一樣往北的方向前進。利斯路的盡頭是福斯灣，也就是福斯河匯入北海的河口。急急跑上人行道時，我大概只知道這樣。從上面往下看，我一定像顆青綠色子彈射向灰暗的大道，掠過咖啡屋、二手店和彩繪玻璃教堂。

除了上次的巴士告白，還有其他跡象顯示，我跟傑夫以各自的方式，小心翼翼地往彼此的方向前進。飛往伊斯坦堡之前幾週，他帶我去他們家在德州丘陵區的農場，把我介紹給他女兒西碧、他爸媽，還有在遍布櫟樹的廣闊土地上自在徜徉的三隻德州長角牛：威力、偉倫和比司吉。我不小心洩漏我們的年齡差距時，她母親手中的夏多內白酒輕顫了一下。除此之外，那次「見父母」的聚餐既溫馨又成功。我是他分居離婚兩年來第一次帶回家的女孩。

我也帶傑夫去見了我爸媽。他穿著那件二戰跳傘衣，手拿著一瓶頂級龍舌蘭踱進我爸媽家的廚房。「我以為妳說他是教授。」我媽小聲跟我說。我妹那天也在家。康西坦絲是個有如仙女下凡的綠眼睛美女，一頭淡黃色頭髮幾乎到腰，而且收藏滿滿一櫃子的飛鏢、武士刀和中東彎刀。「跪下。」她在廚房對傑夫說，一臉肅穆地拔出她最大的一把刀——六呎長的《太空戰士》（*Final Fantacy*，譯按：角色扮演電玩遊戲）武士刀複製品。傑夫目瞪口呆，乖乖地跪在象牙白瓷磚上，讓我妹在他兩邊肩膀上比畫，授封他為爵士。

「歡迎加入我們家族。」她高高在上地說。

「我愛在家自學的怪胎。」傑夫嘆道。

・・・

走到利斯路的盡頭，來到工業碼頭區時，我才發現北邊的天空逐漸褪成灰羽絨色，人行道有如海鷗糞便組成的波拉克（Pollock，譯按：美國現代抽象表現主義畫家）抽象畫，沿著水道排列的房子完美地倒映在平靜的水面上。Solvitur ambulando。意思是**靠走路解決**。這是有一次戴奧吉尼斯被問到移動是真是假的問題時，所提出的答案。他索性站起來走開，以其特有的方式證明他的論點。我向他看齊（應該不會是最後一次），如法炮製，起身快走，用力把海邊的空氣吸進肺部，驅策自己走過一條又一條街。腳下的步伐把我拉回身體之中。

我何必要煩惱傑夫對嬰兒和後院花園的恐懼？我們不是才認識幾個禮拜，每次拍照還隔著五呎的距離？慢慢摸索眼前的風景，別急著尋找解答有什麼不好？「順其自然」不是理所當然的反應。我也還在學。面對壓力時，我很容易退回原來的美國新教徒觀點，認為凡事都要付出努力、透過競爭、不屈不撓才有收穫。

相反地，傑夫很擅長順應當下，改變方向。這也是我最佩服他的一點。如果有什麼事把他吹離原來的軌道，他通常只會聳聳肩，說：「酷！我們換到新軌道上啦！」改變多半讓他興奮，而不是恐懼。我帶他去沃斯堡見我爸媽那天，我指錯路，害他開錯高速公路。當下我急死了，他卻開心得不得了。「別擔心！」他說：「這下我們可以走風景優美的那條路了！」

傑夫參考的是道家的「無為」哲學。「無為」的字面翻譯就是「沒有作為的作為」或是「不費力的作為」。無為是在事物的自然秩序中優游自在、伸縮自如。如果一條路走不通，與其大力將它撞開，道家會選擇根據眼前的狀況，依照直覺選擇另外一條路。無為不是漠然或無感，而是一種探索世界的實用工具。看看雨絲的線條、螞蟻的路線、大象的遷徙。

無為既非確定也非不確定，因為它不在腦袋裡。它是一種移動方式，一種自然流動、從不強求的輕巧舞步；一種隨著當下的高低起落而變化的開放狀態；一種與未知共同創造的好玩舞步，可能在汗水淋漓、心跳加速的森巴舞中把舞池給掀了，也可能變成陰沉嚴肅、緩緩搖擺的慢舞。那不是十全十美的舞蹈，就算你靠在對方肩上啜泣、喝醉酒亂跳一通或跟不上舞步也無妨。要是如此，你大可以像一團爛泥攤在地上。重點是別忘了豎起一邊的耳朵聆聽節奏，即使是趴在地上、只能用手指在地上沮喪地敲打節拍。

我跟傑夫的關係基本上就是在練習這種舞步。這是我們配合每個當下的節奏、順著它的節拍和韻律擺動的機會。以傑夫的話來說，這就是德州兩步舞，向前兩步，後退一步，腳步不停地繞著嘎吱作響的木頭地板轉，看著小提琴、跳舞的人，還有用靴子打節拍的旁觀者從眼前模糊掠過。偶爾也會有停頓的時候。當雙提琴奏完一曲，還沒開始奏下一曲時，我們會退到舞池旁邊等待——不確定下次會再和對方共舞，還是換了舞伴。

・・・

走回傑米家的花園時，裡頭空無一人，後門也已鎖上。有鄰居看到我在籬笆周圍徘徊。「去幫忙那位小姐。」往外張望的母親對她兒子說。金髮小男孩看上去年約八歲，他乖巧地帶我走到傑米家的前門。我們穿過花園、走上人行道時，他表情嚴肅，像救援隊的隊長，那模樣讓我想起小王子。「謝謝你。」我在傑米家的灰色門前對他說。

「不客氣。」他回答。我們看著對方的眼睛半秒，接著他就蹦蹦跳跳跑回人行道，在我心中留下一絲渴望。傑夫來開門時一臉擔憂。

「怎麼了？」我問。

「妳去了很久……我不確定妳會不會回來。寶寶嚇到妳了嗎？」

「不是。」我笑著說：「寶寶很好，是**你**嚇到我了。」

「喔。」他說，破顏微笑。「我常引起這種反應。」

・・・

隔天早上，我們縮成一團貼著彼此在充氣式床墊上醒來。這個房間原本是個超大穿衣間，後來改成傑米的書房。昨晚享用了義大利麵大餐後，我們睡死了。薇琪堅持要下廚，雖然她的肚子已經圓到她得伸手越過肚皮，才碰得到瓦斯爐。她就如傑夫形容的，渾身散發溫暖又熱情好客（一看到傑夫，她就興奮地大叫：「啊啊啊啊，小傑！」）。我們在廚房餐桌喝咖啡時，傑米的岳母溫柔地提醒我們，或許我們可以把衣服丟進洗衣機跟家裡的衣服一起洗。這時，薇琪好心地說要把她的衣服借給我穿。他們說得都對。離開布達佩斯之後，我跟傑夫就沒好好洗過衣服了，我們的衛生狀況肯定亮起了紅燈，但想到有一天沒穿我們的「制服」，心裡不免有些不安。

「不知道耶。」傑夫猶豫地說：「那樣算不算作弊？」

「只要等衣服晾乾就好啦。」薇琪要他放心。「再說，你跟傑米的身材差不多，而我當然也有現在不能穿的洋裝。」她哈哈笑，伸手摸肚子。「我拿幾件讓你們試穿。」

我們各自從穿衣間走出來時，我跟傑夫幾乎認不出對方。招搖的龍蝦紅長褲和刮破的綠色洋裝不見了。我穿著薇琪的花花裹身裙配海軍藍羊毛衫；傑夫穿著傑米的灰色卡其褲，搭配淡藍色的條紋馬球衫，是我目前為止看過他身上最正經八百的配色。

「你看起來像 GAP 廣告。」我說。

「我知。」他咯咯笑。「我們要怎麼樣在人群中找到對方？」

早上，我們跟傑米一起出門。傑米是通勤族，要坐車到愛丁堡大學，我們照例要到市區晃一晃。那天早上很冷，是我們旅行以來最冷的一天。我有薇琪的羊毛衫，但穿著短袖馬球衫的傑夫冷到發抖。「我需要一件毛衣。」他說。

讓我驚訝的是，他此話一出幾乎馬上就有毛衣出現在眼前。我們前方有一張空著的長椅，一件皺巴巴的灰色連帽衣就丟在椅子的一端。「這件也可以。」傑夫說。上面滿是破洞，但很快地聞過之後，他就把衣服套上。站在一旁看的傑米既嫌惡又有趣地搖著頭。

「傑佛森，我相信你的照片就放在字典『格調』這個字的定義旁邊。」他說。

「嘿，垃圾減量、回收、再利用。」傑夫說：「太陽下山之前，我會物歸原位，免得有人還需要這件寶貝。雖然說不太可能。」

保暖的問題因緣湊巧解決之後，我們跟傑米道別，往皇家一哩路前進。這條路是著名的中世紀街道，約有一哩長，一路上最大亮點就是愛丁堡城堡的入口。我們才走進鬧烘烘的城堡五步，看見黑壓壓的遊客，就看著彼此說：「算了。」我們兩個都來過這座城堡，再說這三個禮拜以來我們看過的堡壘、教堂和皇宮，足以讓一位國王眼神呆滯。傑夫甚至開始把聯合國教科文組織認定的世界文化遺產說成「有的沒的廢墟」。

總之，城堡我們已經看膩了。那跟我有一次去參觀羅浮宮時的感官飽和狀態一樣。看過一個又一個展場的巨幅偉大藝術作品，我漸漸對自己的反應只剩下「酷」感到愧疚。林布蘭在《沐浴的拔士巴》裡的明暗對比很神，但要是這幅畫周圍放的不是其他世界傳奇油畫，而是幼稚園學童的指印畫，我對他應該會格外讚嘆。如果我們想對世界奇景佩服得更加五體投地，一開始就該先去瀰漫發霉披薩味和小孩汗臭味的查克起司遊樂場待上幾小時。脈絡就是一切。

最後，我們用聖安德魯廣場取代查克起司。我跟傑夫走向綠色草皮，上面都是趁午休出來匆匆吃個三明治的企業員工。傑夫躺在一塊有陽光的草地上，我把他的肩膀當成枕頭，我們很快就睡著了。兩個邋里邋遢的遊客在一堆閃亮的牛津鞋和 Burberry 絲巾之間睡午覺，一路睡到下午過了一半才醒來。

「看來我們『小』睡了一下。」傑夫嚷著，我們懶洋洋地坐起來，看看四周。

我抹掉嘴角的口水。「我們大老遠從克羅埃西亞飛到這裡，只為了在公園裡睡午覺。這樣對嗎？」

「別擔心。」傑夫說，拂去借來的毛衣上的青草。「這是為了最後一站養精蓄銳。我們把最棒的留到最後。」

16 所有不確定都是不確定

劍橋大學的風險管理專家史畢格哈特教授把鮮豔的藍色眼鏡擱在腿上，歪著頭，若有所思地靠著辦公室裡寫滿粉筆字的黑板。「**那樣**的機率有多人？」他說：「這就是我們研究巧合想弄清楚的問題。」

「可以舉個例子嗎？」傑夫問，他坐在教授對面的雙人沙發上，手裡握著咖啡。

「假設你正在尋找一個老朋友的去向，上網搜尋卻毫無收穫。後來有天你把列表機送修，機器送回來之後，紙夾裡有維修人員測試機器時留下的回收紙，其中一張上面正好有你這位老朋友的電子信箱。」

「好神奇！」我坐在傑夫旁邊說。

「沒錯，確實很奇妙。」史畢格哈特教授說，興奮地舉起手在空中比畫。「但我們想利用統計學這種科學方法計算這到底有多『神奇』。」

「你個人上一次的巧合經驗是什麼？」傑夫問，筆已經在筆記本前就位。

「只有一個不太強而有力的巧合。」史畢格哈特教授咯咯笑道：「我太不敏銳了。記得有天我人在火車上，有個朋友打電話來問我培根三明治的事，而我那時候剛好就在吃培根三明治。」

「這個好。」傑夫咧嘴笑道。

跟史畢格哈特教授的約訪，是我跟傑夫把英國訂為旅程最後一站的唯一原因。傑夫正在研發巧合測量軟體，目前還在初步階段，因此還有誰比溫文儒雅的史畢格哈特教授（這個題材的研究先驅）更值得討教呢？就算他不住在奧斯汀，甚至北美洲，那又怎樣？那天早上，我們告別了傑米和薇琪，搭短程飛機到倫敦以北的盧頓機場。抵達後，傑夫又開開心心租了車。這次是雪佛蘭的小車，而且左駕換成了右駕。

「你確定你換方向駕駛沒問題？」我問。

他假裝很受傷地看著我，說：「親愛的，我們一起經歷了這一切，妳到現在還不信任我？」

我們的飛機在盧頓機場觸地的那一刻起，傑夫就把滑稽的蘇格蘭腔（聽起來一點也不蘇格蘭）換成誇張的英格蘭腔。一開始還無傷大雅，這裡一句「天殺的」，那裡一句「什麼鬼」，但很快就到了無法無天的地步。當他把車開出盧頓機場時，甚至拉開嗓門鬼吼鬼叫：「好咧～～親愛的～～」

「這樣下去，你在史畢格哈特面前會像個笨蛋。」我哈哈大笑地警告他。

他很清楚一般英國人講話根本沒有他那種「王牌大賤諜」的做作口音，但就算知道，也打擊不了他的熱情。「好咧～～親愛的～～要不要來一小碗麥片粥配炸魚薯條？」

直到我們把車停在牛頓數學科學研究院前面，他才終於恢復正常。為了紀念這位當年發明微積分、並在劍橋校園提出有名的運動定律的多產科學家，這座研究院以他為名。（據說）當年確立他的萬有引力理論的蘋果樹後代，就種在三一學院的草皮附近。傑夫對雄心萬丈的牛頓仰慕已久，這位抑鬱內向的科學家一心只想解開主宰地球萬物的隱形機制。我也很崇拜牛頓，但多半是因為他飽嘗精神崩潰之苦，卻還是對世界做出了偉大的貢獻。

當傑夫拉開入口的玻璃門時，我心想牛頓對這座以他為名的研究院，不知會作何感想。這片建築看起來跟手冊上印的高貴典雅的劍橋大廳堂截然不同。建築本身長得很奇特，好像有一群圓筒形的幽浮太空艙，從遙遠的銀河移民到地球，直接在劍橋校園內的銀色麥田圈落腳。

撇開建築物不論，劍橋數學家看來都很認真。傑夫說男廁裡有一大面黑板，以便科學家們坐在馬桶上靈光乍現時使用（如果當年阿基米德光溜溜坐在浴缸裡解決了浮力的問題，誰知道望著瓷製王冠沉思時會不會有重大發現）。我踉踉蹌蹌走進去的廁所有一個完整的淋浴間，裡頭放了沐浴用品、刮鬍刀、薰衣草沐浴乳，看來有些學者太投入工作，甚至懶得回家。

史畢格哈特跟我們約在一間安靜的自助餐廳碰面。數學思考的氣氛在裡頭濃得化不開，幾乎可以從空氣中摘下數字。令我意外的是，教授看起來完全不像上廁所上到一半會寫下偉大發現的劍橋數學家（頭上戴著歪一邊、讓人分心的假髮）。史畢格哈特有種電視人的魅力和從容不迫的氣質。他一頭白髮，眉毛卻仍濃黑，灰白鬍子修得乾淨清爽，跟傑夫的破舊毛衣和一週沒刮的邋遢鬍子形成強烈對比。

「歡迎來到研究院。」史畢格哈特說，手繞著房間比了一圈。「你們可能才剛看到史蒂芬推著輪椅經過。」他口中的「史蒂芬」就是史蒂芬．霍金，盧卡斯數學教授（近三百五十年前，牛頓榮獲同一個職位）。當我們隨著史畢格哈特的一頭白髮走進他的辦公室時，我可以感覺到傑夫很努力克制自己不要興奮地拍手叫好。教授的辦公室很舒適，有對外的窗戶，當然也少不了一疊疊期刊文章、沾了咖啡漬的馬克杯，還有一櫃櫃隨性擺放的書。一張印著巴斯卡（譯按：十七世紀法國數學家）名言的小海報立在黑板的粉筆槽上：「所有不確定都是不確定。」

這次訪談跟傑夫正在進行的研究有關。他的研究主題是看似隨機的交會之間的關聯。網路的互聯性和大數據的快速發展，都讓這個研究愈來愈可行。傑夫想找出巧合底下的運作機制。他想知道，在同一天爬上同一棵老橡樹能不能用先進的統計方法來解釋。或者，有沒有其他科學方法可以解釋，我們如何以及為什麼受到浩瀚時空中的同一個地點吸引。

兩位教授互通想法時，我的目光又飄回黑板上那句巴斯卡的名言：**所有不確定都是不確定**。或許科學家可以解開一些不確定，但有太多問題本質上就不可能有明確的答案。科學能夠解釋過程和相互關係，但再多的大數據或超極強子對撞機，也無法在電腦螢幕上告訴我們人生的意義。

這幾年來，我對不確定和痛苦的反應從憤怒、幻滅到徹底絕望，整個繞了一圈。我發誓不再相信「勇敢追求夢想」這個信念；在這個受不公不義、環境污染、貪婪企業、現代殖民主義摧殘的世界裡，這只是一句陳腔濫調。然而，此刻坐在史畢格哈特凌亂的辦公室裡，我發現經過幾個月的瘋狂掙扎，我又回到了原點。

這世界永遠需要夢想家，需要願意跟隨內在那股吸引你的力量、找到創造之路的人。

面對生命的無常和痛苦，夢想家、追尋者和療癒者**尤其**重要。「勇敢追求夢想」這句鼓舞人心的話，其實只是少了一句提醒：**勇敢追求夢想，結果毋須強求**。

沒錯，我們應該勇於做夢，但不要抓得太緊。腳步輕巧地追著夢想走。當生命把意外的驚喜拋向我們的時候，就調整方向、順勢而行。有時，我們必須放下過去的夢想，抓起新的夢想。只要有夢想成真的風光時刻，就可能有誤入沙漠、迷失方向的時刻。就像大自然的週期，這些都是自然、甚至是必要的過程。

如果我沒有從夢想家的視角看待自己的生命，我永遠不會在OkCupid寫信給傑夫。也絕對不會買下飛往土耳其的機票，更不可能坐在劍橋大學的辦公室裡思考巧合的本質。

• • •

我們跟教授的訪談，以自助餐廳的培根三明治畫下句點。我們三人在修剪整齊的草皮上分享三明治。下一站是倫敦，也是這趟旅行的最後一站。我們已經跟傑夫的另一個大學朋友「大蜜蜂」約好。他現在是投資分析師，在金融業服務。我們只需把租來的車子開回倫敦市區的租車行就行了。

倫敦傍晚的交通尖峰時間，對心臟不夠強的人是一大挑戰。到了倫敦郊外，我們開進加油站支付十八美金的入城費，晚上七點到十點開進市區特定範圍內的車輛都要付這筆稅，接下來只剩下令人害怕的交通了。我以前來過倫敦，對這裡的路大致還有概念。儘管如此，自願負責指路還是失策。

「十字路口要右轉還左轉？」傑夫問。

「呃，這要看我們在哪條路上。」我說，手在租車地圖上移來移去。「左轉，不，不對……等等。右轉！可惡！我們應該**右轉**才對。還是直走？」

「沒關係，告訴我怎麼回頭就好了。」

「呃……我不確定這是單行道還是……我們要往南嗎？看到大笨鐘的時候告訴我，我知道那裡是哪裡。」

「先生，請問一下！」傑夫對著窗外的計程車司機喊：「請問國王街怎麼走？」

對方語無倫次嚷了幾句，最後聳聳肩，傑夫只好仰賴我腦中的指南針。後來我們開到林蔭路，繞過白金漢宮（三次！），再開過倫敦橋，到了泰晤士河的另一邊。

「我們應該離目的地**很**近了。」我緊張地對他說：「只不過……」

「只不過**什麼**？」傑夫怒問，脾氣漸漸失控。

「只不過下一條路應該是織工巷，結果是聖殿大道。」

「妳可以在地圖上指出我們現在的位置嗎？」

我一指就發現自己錯了。「我的天啊……」

「**怎麼了**？」

「我有點弄錯方向……」

「女人啊。我、們、現、在、在、哪、裡？」

「我們應該在泰晤士河的另外一邊。」我坦承，差點就要噴淚。「我……我把地圖拿反了。」

「媽的！」傑夫氣得滿臉通紅。那是我第一次看見他失控，而且還是為了這種瑣碎平常的事。我們掉進情侶間的標準爭吵中，還有揉爛的地圖、破口大罵、女人帶路不可靠的通俗劇情（只缺我叫他停下來問路）。不過，傑夫很快就鎮定下來，值得稱許。

「抱歉。」他說，吁了口氣。「我們先找個地方停車，沒有什麼事是炸魚薯條解決不了的。」

「好咧，親愛的。」我低聲說，知道他只要下了車，氣就消了。

‧‧‧

等到我們吃完炸魚薯條，以泰晤士河為座標確認了國王街的位置之後，租車行早就關門了。傑夫聳聳肩，恢復平常的冷靜。**這就是人生**。我們丟下車，想等早上再回來開車，接著就搭地鐵到大蜜蜂住的切爾西區。「那傢伙是個天才。」傑夫在途中跟我說：「超級大怪咖。高中的時候，他贏了全州的『計算機冠軍』，因為基本上，這傢伙根本內建了一個HP32S逆波蘭編程科學計算器。現在呢，他改用更大的玩具在處理數字。」

如果大蜜蜂是超級大怪咖，只能說他隱藏得很好。為我們開門、帶我們走進切爾西公寓的男人，不但乾淨整齊、談吐得當，還散發平易近人的美式調調，讓我想起棒球和檸檬水。連他的名字大蜜蜂聽起來都像一九五〇年代的雜貨店或蘋果品種。他跟太太和女兒住在一間小而美的公寓，但妻女剛好到土耳其探親，所以家裡只剩他，還有一冰箱他太太幫他事先備好放在保鮮盒裡的便當。

「進來吧，兩位。」他說，帶我們走進擺了許多開心家族照的客廳。「所以，你們玩真的呵？」

「是啊。」傑夫說：「你相信嗎？我到現在還沒洗過內褲。」

大蜜蜂咯咯笑，敦厚地揮了揮手。每個從傑夫荒唐的學生時代（他在德州農工大學的每座噴泉都裸泳過）就認識他的人，都知道他很信詹森總統的那句老格言：「絕對不要讓事實壞了一個好故事。」老朋友相見，傑夫和大蜜蜂很快就變回當年那個愛胡鬧的少年郎。

「你知道嗎？」大蜜蜂突然心血來潮，想加入我們這種率性而為、隨遇而安的行列。「我們應該去**騎腳踏車**，我一直想騎腳踏車看看倫敦。明天我們就去租車，看看能騎多遠。」

「聽起來很讚。」傑夫說，然後轉向我：「妳可以嗎？」

「只要大蜜蜂帶路我都好。」我說：「以我最近這種麥哲倫（譯按：葡萄牙探險家，曾率船環遊全球，途中命喪菲律賓，由其餘船員代爲完成環球之旅）程度的表現，如果以白金漢宮為目的地，我們最後大概會騎去貝爾法斯特（譯按：愛爾蘭東北方的城市）。」

隔天下午，大蜜蜂果真租了三輛腳踏車。他挑了再適合不過的一天，帶領我們這個自行車隊穿過倫敦。那天陽光充足，萬里無雲，是個讓人覺得一切都會很順利的完美夏日午後。起初，我很擔心穿裙子騎單車不方便，但彎著膝蓋笨拙地騎了幾條街之後，我乾脆放棄當淑女，任由微風跟我的裙襬玩耍（傑夫每次瞄到我露出大腿，就會像小男生一樣猛按鈴鐺）。

我比較擔心的是轟隆隆逼近腳踏車手把、讓我心驚膽戰的大型雙層公車。傑夫就沒有這種困擾。有一度，他停在公車專用道中間，找路上的乞丐聊天。我忍不住大聲尖叫，因為他身後有輛雙層巴士離他愈來愈近，他可能一轉過頭就貼上櫻桃紅的車身。「怎麼了？」傑夫說：「我離它還有三吋遠！」

傑夫毫髮無傷，於是大蜜蜂繼續帶我們穿越海德公園。在那裡，我們剛好看見日本建築師藤本壯介創作的戶外裝飾藝術。遠遠看，好像交叉網線組成的一朵雲；走近一看，又像是用玻璃和巨型白色牙籤搭成的四層樓攀爬架。傑夫跟我拍了一張並肩站開的合照，後來我們繼續騎，經過貝克街二二一號B座，只見人行道上排了一長排書迷，等著參觀小說中福爾摩斯住的地方。

我們特地繞一圈穿過攝政公園，沿途經過散步的人群、足球比賽，還有丟麵包屑給鴨子的小孩。接著，再往東騎一大段路到肖迪奇。這片昔日的工業區，如今成了獨立藝術家的聚集地，到處可見充滿生命力的街頭壁畫、改建過的倉庫、以及髒亂的小巷。最後，我們躺在一片綠油油的廣場上，結束這趟壯闊的單車行，旁邊都是藝術家和大學生（廣場周邊設有露天便池，可見這裡消耗掉的啤酒有多可觀）。

「哇塞！」大蜜蜂發出滿足的讚嘆：「這**真是**太棒了！我看見自己住的城市截然不同的一面。」

「在自己住的城市閒逛的確很讚。」我笑著說：「在奧斯汀的時候，我跟傑夫會直接走出門，看能不能在城市裡迷路。到陌生的國家亂闖，對感官的刺激當然更大，但其實家門外就有很多好玩的東西。」

傑夫插嘴說：「對啊，人很容易宅在自己的小世界裡，比方住在一個有好幾千家餐廳的城市，卻永遠只在同樣的三家餐廳重複點同樣的菜。」

「沒錯。」大蜜蜂附和：「人很容易安於現狀。如果不用心看，對周遭景物就會變得無感。」

我點點頭。「說得對。我希望一直保有這份好奇心。世界上永遠有我沒交談過的陌生人、我從沒注意過的街道，還有隨著四季變化的植物、坐在廊下發呆的鄰居。探索的魔力不會**只在**我跳上國際班機時出現。」

「係滴。」傑夫說：「不管是在肖迪奇，還是在家，都有值得探索的地方。」

・・・

回家的時間比我預期的還早到來。隔天早上，傑夫打開大蜜蜂家的浴室門，腰間裹了一條毛巾就衝進客房，水滴到地板上，眼睛散發狂野的光芒。

「妳要多久才能收好行李？」他上氣不接下氣地問。

「你在開玩笑嗎？」我說。

「今天就有一班飛機從希斯洛機場飛回休士頓，不用等到明天。唯一的問題是，飛機不到兩個小時就要起飛了。妳想趕趕看嗎？」

我笑了笑。「可以啊，可是大蜜蜂會不會介意？」

我們已經討論過早點回家這件事。我興奮得失去了理智，如果有人問我要選潮溼的修道院房間，還是女王親自導覽的白金漢宮之旅，我可能會選前者。相反地，傑夫卻很不安。我們的冒險之旅已經接近尾聲，而大蜜蜂的公寓太過寧靜舒適，讓他無法好好思考（**這一切代表什麼**？**當飛機在奧斯汀降落時會怎麼樣**？）。直奔機場是他保持動力的方式。**沒時間光想不練了！我們出發吧！**

他裹著毛巾衝上走廊，奔進廚房，大蜜蜂正在裝洗碗機。「大蜜蜂！從這裡到希斯洛機場要多久？」

「不知道耶。」我聽見他說，語氣吃驚。「我想最快的方法是搭計程車到伯爵府地鐵站搭地鐵，這樣一小時內或許就能趕到。」

傑夫沉默不語，大概在用手機計算東西，我聽到水槽裡玻璃杯鏗鏗鏘鏘的聲音。接著傑夫又說話了：「兄弟，抱歉這麼突然，但我們的計畫改變了。我跟克拉拉要用最快的速度趕去機場。」

大蜜蜂驚道：「真的？沒事吧？」

「沒事。」傑夫說：「我只是一覺醒來有股強烈的衝動想回去工作。我有好多嚴肅的計畫得進行。你知道，比方把家搬進垃圾箱。」

少了朋友的陪伴讓大蜜蜂有點落寞，但他還是打起精神說：「有何不可？我幫你們叫計程車。」

這種全力衝刺的感覺很好。我抓起翠綠色洋裝穿上。這將是我最後一次把釦子從裙襬扣到衣領，以後我再也不會穿這件洋裝了，我很確定。裙子的綠線已經從縫邊脫落，有如細細的青草莖；被鉤破的裂縫破得比之前更大洞。但就算這件洋裝完好無傷，這也是我最後一次穿它了。這件旅行「制服」跟這二十一天永遠分不開了，想到它，我就會想到這趟旅行的每個邊境、每條道路、每片天空，想到油油的公車和搖晃的火車，想到摺疊床、借來的肥皂、土耳其茶、新朋友、慷慨的陌生人，還有某個感覺愈來愈接近愛的意外連結。

家裡一櫃子的衣服在等著我們回去，我卻有股全新的渴望，想要回家把每一樣無法歸於「喜歡」或「實用」兩類的東西全部清掉。一旦達到快樂的基準線，舒適的人生就不一定要塞滿裝飾品。在我們的實驗中，成功的里程碑不是對消費行為大徹大悟，也不是對感恩節促銷活動嗤之以鼻，反而只有一個簡單的體認：一開始大膽往下跳之後，我們幾乎就忘了這趟旅行是實驗。

來自希臘的小牙膏是我扣上皮包前塞進去的最後一件東西。不到十分鐘，我們就走出門，坐進計程車——創下新紀錄。

「你為什麼每次都不按牌理出牌？」我大吼，急忙趕上傑夫的紅色褲子，跟著他跑下樓走進伯爵府地鐵站，地鐵裡滿是推來擠去等著買票的週末遊客。他聽到我的話，只呵呵笑了幾聲，沒答腔。

「好，我們要用點策略。妳可以去排那一排嗎？我排這　排，誰先排到就先買票。」他說：「咱們**要到**希斯洛機場，坐上那班回家的飛機。」

我們真的辦到了。我們趕到登機門報到時，離起飛只剩下半小時。不過，一直到我跟傑夫在那架波音七六七上找到座位坐下來，離開英國這件事才開始有了真實感。

「我的天啊，我們要回家了。」我說。

「妳相信嗎？」傑夫說：「整趟旅程感覺都很不真實。」他拿出筆記本開始翻，裡頭貼滿了票根、凌亂的路線圖、WiFi 密碼、匈牙利語、沙發主人的電話。我趁他不注意時，在其中一頁仔細抄下土耳其文的「我愛你」（Seni seviyorum）。當著他的面，我實在說不出口，但有一天他翻筆記時，就會發現我寫在邊邊的字跡。一個小小的驚喜，但或許他不會覺得驚喜。傑夫總是說我裝不出撲克臉，我的眼神藏不住祕密。

「不知道之後會怎麼樣？」我問。這當然不是真的問題，而且我早就知道傑夫會怎麼回答。他的答案果真如我所料。

「再說吧，看著辦。」

他溫柔地說出這句話，望著前方的地平線，好像未來就在前方等著我們。我握住他的手，兩隻手緊緊相握，緊到可以感覺到血液在我們的手腕裡啪答啪答地傳送。那個節奏再度充滿著每一刻，我只要跟著它走就行了。從此以後，我再也不怕迷路了。

尾聲

這段後話是我在北極圈以北四度、四周都是雪白山脈的巴士上寫的。總覺得，以故事開始的方式來結束這個故事，再合適不過了。那就是，當我應該更實際的時候，卻偏偏只帶一個小皮包、只穿一件洋裝就投入這世界。

這趟有如天上人間的白色凍原之旅，是我們第四次不帶行李去旅行（真心話時間：其實我還帶了一個放筆記型電腦和手寫筆記的公事包）。傑夫坐在我對面，身上穿的 Levi's 牛仔褲已經一個禮拜沒洗。我們倆都穿著長袖內衣褲，用北極自來水洗手。

離我們在德州議會大廈前初次見面至今，已經過了整整兩年。之後，我們很幸運地到亞馬遜叢林走吊橋；在土耳其的山頂上，看太陽從美索布達米亞平原升起；開心（又正經八百）地冒充成喬治亞的世界貿易組織顧問，參觀了蘇聯時代史達林最大的煉鋼場。每次旅行，我們都鞭策自己成為更有深度和自覺的旅行者。

有些事情變了很多。我跟傑夫已經可以互稱男女朋友而不面有難色。我們的關係比以前羽翼更豐滿，定義也更清楚。我們偶爾會事先計畫，還會大方表達對彼此的愛，寫給對方的小字條也會出現「我愛你」。

也有些事一點都沒變。經過了兩年，當我抬頭看見傑夫走進房間時，心裡還是會小鹿亂撞。我們的實驗精神非但沒有曇花一現，反而延續到今天（傑夫說到做到，最近剛結束為期一年以舊垃圾箱為家的實驗，他女兒還去幫他刷油漆）。我們仍然在自己的城市裡到處遊蕩，也仍然不知道這一切會走到哪裡。

還有一項改變值得一提。以前，我絞盡腦汁、極盡焦慮地隱藏自己的精神病史，現在我能夠在公開場合坦然談論這個話題。在美國，默默承受痛苦，往往比承認自己有心理或情緒障礙來得安全。在這樣的文化裡，我想我應該是異類。但經過無數次敞開心胸的對話，我才知道道**從沒**受過憂鬱、悲傷、創傷後壓力症候群或飲食失調之苦的人，其實少之又少。

雖然不再害怕談論精神疾病，但我承認，當我跟別人分享自己的病史時，還是有點害羞。畢竟說穿了，那只是一個多愁善感的大學畢業生發現真實世界可能脆弱又殘酷而精神崩潰的故事（世界上有很多人不也看清了這個事實）。我之所以願意分享自己的故事，是因為每個人都免不了要面對生命的無常。不是所有人都會像我一樣用這麼激烈的方式，將人生無常的體悟內化，但在這趟名為「人生」、脆弱又混亂的輝煌旅程中，只要有一位讀者看了我的遊記而感到不那麼孤單，我就心滿意足了。

誌謝

寫下這個故事，對我來說是一個不折不扣的驚喜。當這個機會到來時，我坐在筆電前，顫抖著手在搜尋引擎鍵入「如何寫一本書」這幾個字。接下來，我靠著許多人的大力支持走到現在。沒有他們，這本書不可能完成。感謝我的經紀人 Stacy Testa 從頭到尾熱情支持這個故事。感謝我孜孜不倦又冷靜沉穩的編輯 Jennifer Kasius，還有 Running 出版社為這本書貢獻大量時間和心力的所有成員。感謝 Abe Louise Young、Katie Matlack、Anna Yarrow 和 Sarah Bensen 不吝給我意見和批評。感謝班森家族始終如一的愛和支持。最後要感謝傑夫．威爾森。一開始，是他慫恿我踏上這段不帶行李的冒險之旅，之後的每段神奇旅程，他都是妙不可言的伴侶和朋友。

國家圖書館出版品預行編目資料

不帶行李也OK：愛與浪遊的極簡旅行 / 克拉拉．班森（Clara Bensen）著；謝佩妏譯. -- 初版. -- 臺北市：大塊文化, 2016.04
面；　公分. --（mark；114）
譯自：No baggage : a minimalist tale of love and wandering
ISBN 978-986-213-692-8（平裝）

1. 旅遊文學　2. 世界地理

719　　105002866